Gakken

世界が
広がる

덕질을 위한 한국어

S　NSや動画配信サイトを通じて、私たちは世界中のコンテンツを楽しみ、作品や演者、キャラクターへの愛情を世界に発信することができるようになりました。字幕や自動翻訳はあるものの、外国語がわかればもっと理解が深まり、もっと想いを表現できるはず。そこで、まずは英語にフォーカスし、オタク活動に役立つ語彙を紹介したのが、2022年3月発売の『世界が広がる　推し活英語』です。英語圏のオタクのみなさんの協力のもと、生きた語彙を集めたことが共感を呼び、多くの方々に手に取ってもらうことができました。英語に続く第2弾として最も多くご要望いただいたのが、今回の韓国語版です。

皆さんご存知のとおり、K-POPやドラマをはじめとする韓国のコンテンツは、世界中で大きな注目を集めています。それと同時に、韓国のユニークな推し活文化も広く知られるようになりました。例えば、アイドルが新曲を発表し精力的に番組出演などを行う「カムバック」、1台のカメラでアイドルのパフォーマンスを追いかけた映像「チッケム」、推しの誕生日や記念日を祝うため、ファンが合同で出資して広告を出したりイベントを開催したりする「サポート」。最近では日本をはじめ諸外国でも取り入れられつつありますが、元々は韓国独自の文化です。一方、韓国では日本の「オタク」という言葉が浸透していたり、「推し」や「沼」といった概念は共通していたりします。そんな面白い発見がたくさんあるのが、『推し活韓国語』の世界です。実用的な語学書として役立ててもらえるのはもちろん、韓国の文化を理解するための読み物としても、楽しんでもらえるはずです。

준비됐어요?　　　(準備はいいですか？)

一度ハマったら抜けられない『推し活韓国語』の世界を、いっしょに冒険しましょう。

『世界が広がる　推し活韓国語』制作チーム一同

HOW TO USE

本書の使い方

本書は、韓国エンタメの推し活で使える韓国語表現を紹介しています。主に単語ページとフレーズページにわかれており、それぞれ以下のように構成されています。

単語ページ　　CHAPTER 1

「カムバック」「チッケム」…
韓国エンタメに欠かせない単語が学べる！

【 基本単語 】

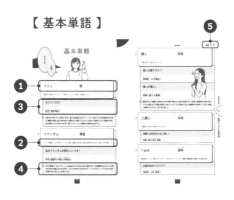

❶韓国エンタメの推し活でよく使われる基本の67語とその読み方を掲載しています。

❷単語の意味を掲載しています。さまざまな解釈を持つ言葉もありますが、あくまで1つの例として取り上げています。

❸見出し語に関連する例文とその読み方を掲載しています。

❹言葉の由来や類義語などを解説しています。

❺このトラック番号で、この見開きの単語・例文の音声を再生できます。

【 その他の単語 】

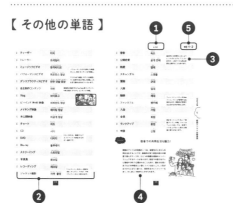

❶「K-POP」「動画・SNS」などのカテゴリーにわけています。

❷カテゴリー別によく使われる300語とその読み方を掲載しています。

❸吹き出しで言葉の由来や類義語などを解説しています。

❹カテゴリーに関連する豆知識を掲載しています。

❺このトラック番号で、この見開きの単語の音声を再生できます。

フレーズページ　CHAPTER 2~6

推しの言葉がわかる！　コメントに使える！

❶「推しが使うフレーズ」「推しに言いたいフレーズ」など、対象やシチュエーションに応じて章をわけています。

❷各シチュエーションをさらに細かくわけています。

❸代表的なフレーズとその読み方を掲載しています。

❹文化的背景や文法などを解説しています。

❺関連するフレーズとその読み方を掲載しています。

❻このトラック番号で、この見開きのフレーズの音声を再生できます。

音声について

本書では、すべての単語やフレーズに音声が収録されています。お使いの端末に応じて、以下の手順でご利用ください。

スマホやタブレットをお使いの方

❶右の二次元コードを読み取るか、URLにアクセスして、音声再生アプリ「my-oto-mo（マイオトモ）」をダウンロードしてください。

❷アプリを立ち上げて『世界が広がる　推し活韓国語』を選択し、右のパスワードを入力してください。

パソコンをお使いの方

❶右のURLにアクセスして、ページ下部にある【語学・検定】の『世界が広がる　推し活韓国語』のリンクをクリックし、zipファイルをダウンロードしてください。

❷右のパスワードを入力し、ファイルを解凍してください。音声番号ごとにmp3ファイルが収録されています。再生するには、Windows Media PlayerやiTunesなどの再生ソフトが必要です。

https://gakken-ep.jp/extra/myotomo/

パスワード: e7cm9e3t

注意事項

●お客さまのネット環境やご利用の端末により、音声の再生やアプリの利用ができない場合、当社は責任を負いかねます。

●アプリは無料ですが、通信料はお客さまのご負担になります。

本書では、初めて韓国語を学ぶ方のため、ハングルの単語やフレーズにカタカナの読み方を示してあります。
日本語にはない、子音で終わる音の一部はk、r、m、pと表記しています。
ネイティブスピーカーの発音に近づけるように表記を工夫していますが、正確に表すことには限度があります。
あくまで目安としてとらえ、音声を聞いて正しい発音をご確認ください。

CONTENTS
もくじ

CHAPTER 1　韓国エンタメ必修単語

CHAPTER 2　推しが使うフレーズ

CHAPTER 3 　推しに言いたいフレーズ

CHAPTER 4 　オタ友との交流に使えるフレーズ

CHAPTER 5 　運営とのやり取りに使えるフレーズ

CHAPTER 6 　韓国に行ったときに役立つフレーズ

CHAPTER 7 　教えて！ 　韓国エンタメ推し活エピソード

CHAPTER 8 　韓国語の基本　　　　　　　　　　　**167**

基本単語

キホンが
大事！

001

ファン

ペン
팬

特定の人物やキャラクター、作品やジャンルを愛し、応援する人。

大ファンです！

ワンジョン　ペニエヨ
완전 팬이에요!

▶ 日本のK-POPファンのあいだで、推しの名前を入れて「○○ペン」のようにそのまま使われるほど、韓国での推し活に欠かせない言葉。完全（ワンジョン）は元々「完全に」という意味ですが、ある有名アイドルをきっかけに「超、すごく」という意味でも使われるように。

002

ファンダム

ペンドm
팬덤

ファンの集まり。K-POPのファンは、推しの誕生日を祝う広告を合同で出すなど、結びつきが強い。

私のファンダムが誇らしいです！

ウリ　ペンドミ　チャランスロウォヨ
우리 팬덤이 자랑스러워요!

▶ 元々は英語で、fan（ファン）と、kingdomやfreedomなどに使われている接尾辞dom（ダム）を組み合わせた言葉。BTSはARMY、BLACKPINKはBLINKなど、アイドルのファンダムには公式の名称がつけられることが多いです。

003

推し
チュエ
최애

1番好きな人物やキャラクター。

推しは誰ですか？

チュエヌン　ヌグエヨ
최애는 누구예요?

推しが尊い。

チュエ　ノmナ　ソジュンヘ
최애 넘나 소중해.

(▶) 直訳すると「最愛」。好きなドラマや食べ物などにも使う言葉です。「本命」を意味する본진（ポン
ジン）も同じように使われます。넘나（ノmナ）は「あまりにも」を意味する너무나（ノムナ）の略、
소중하다（ソジュンハダ）は「尊い」。

004

二推し
チャエ
차애

2番目に好きな人物やキャラクター。

最推し以外はみんな二推し！

チュエッ　ッペゴ　モドゥ　チャエ
최애 빼고 모두 차애!

005

1 pick
ウォンピk
원픽

最も推している人物やキャラクター。元々は、オーディション番組で視聴者が投票する対象を表す。

永遠の私のワンピック♡

ヨンウォナン　ナエ　ウォンピk
영원한 나의 원픽♡

CHAPTER

1

韓国エンタメ必修単語

単推し

<ruby>ケインペン</ruby>
개인팬

特定のメンバーだけを推すスタイル。

単推しファンのオフ会に行きました。

ケインペンドゥレ チョンモエ カッソヨ
개인팬들의 정모에 갔어요.

▶ 개인「個人」+팬「ファン」で「単推し」。単推しを表明することは、韓国のファンダムでは歓迎されない場合もあるので要注意。

箱推し

<ruby>オ^rペン</ruby>
올팬

グループ全体を推すスタイル。

単推しから始めて、箱推しになりました。

ケインペヌロ シジャケソ オrペニ トゥェッソヨ
개인팬으로 시작해서 올팬이 됐어요.

▶ 올「オール」(英語のall) +팬「ファン」で「箱推し」。

回転ドア

<ruby>フェジョンムン</ruby>
회전문

回転ドアを回るように、グループのメンバーを順番に好きになること。

私の推し活は、出口のない回転ドア。

ネ トkチrルン チュ^rグ オmヌン フェジョンムン
내 덕질은 출구 없는 회전문.

▶ 韓国特有の言い回し。元々は、すぐにファンをやめることを表す言葉でした。

渡り鳥

<ruby>チョrセ</ruby>
철새

転々と居場所を変える渡り鳥のように、すぐに推しを変えること。

私は渡り鳥 (のような) ファンです。

チョン チョrセペニエヨ
전 철새팬이에요.

▶ これも韓国特有の言い回し。ころころと政党を変える政治家を表す場合もあります。

CHAPTER 1 韓国エンタメ必修単語

010

オタク

オドク　トク
オ덕후 (덕후)

趣味に熱中したり、特定のジャンルや推しを応援したりする人。

私はアイドルオタクです。

ナ　アイドr　ドクエヨ
나 아이돌 덕후예요.

オタクが世界を変える。

トクガ　セサンウr　パックンダ
덕후가 세상을 바꾼다.

▶ 日本語の「オタク」が오덕후（オドク）となり、덕후（トク）、さらには덕（トk）と略されるようになりました。「どうせ推し活するなら幸せにやろう」という韓国語フレーズを略した어덕행덕（オドケンドk）は、韓国オタク界の名言。

011

沼落ち

イｐトk
입덕

沼に落ちて沈みゆくように推しにハマり、夢中になってしまうこと。

偶然、関連動画を見て沼落ちしました。

ウヨニ　クァrリョン　ニョンサン　ボゴ　イｐトケッソヨ
우연히 관련 영상 보고 입덕했어요.

沼落ちしたきっかけは、キレッキレのダンスです。

イｐトk　ポイントゥヌン　カr グンムエヨ
입덕 포인트는 칼군무예요.

▶ 입「入る」+덕「オタク」で「オタク世界に入る」。입덕 포인트（イｐトk ポイントゥ）の直訳は「沼落ちポイント」、つまり「沼落ちしたきっかけ」という意味。自分が沼に落ちたことを認めない期間を「沼落ち否定期」の입덕 부정기（イｐトk プジョンギ）といいます。

突然の沼落ち

<ruby>덕통사고<rt>トk トンサゴ</rt></ruby>

突然起こった事故のように、急に沼落ちしてしまうこと。

突然沼落ちしちゃった。

<ruby>덕통사고 당했다.<rt>トk トンサゴ タンヘッタ</rt></ruby>

▶ 「交通事故」という意味の교통사고 (キョトンサゴ) の1文字目を、「オタク」を意味する덕に変えた言葉。

オタ活

<ruby>덕질<rt>トk チr</rt></ruby>

オタク的趣味の分野における活動。

オタ活に年齢は関係ない。

<ruby>덕질에 나이 없다.<rt>トk チレ ナイ オpタ</rt></ruby>

オタ活休止

<ruby>휴덕<rt>ヒュドk</rt></ruby>

仕事などが忙しい、少し気持ちが冷めたなどの理由で、オタ活を休むこと。

現実の生活が忙しいので、オタ活休止します。

<ruby>현생이　바빠서 휴덕합니다.<rt>ヒョンセンイ パッパソ ヒュドカmニダ</rt></ruby>

▶ 휴「休む」+덕「オタク」で「オタクを休む」。현생 (ヒョンセン) は「現実の生活」を意味する현실생활 (ヒョンシrセンファr) の略。

オタ卒

<ruby>탈덕<rt>タrドk</rt></ruby>

オタク的趣味に熱中したり、推しを応援したりするのをやめること。

オタ活休止はあっても、オタ卒はない。

<ruby>휴덕은　있어도 탈덕은 없다.<rt>ヒュドグン イッソド タrドグン オpタ</rt></ruby>

▶ 탈「脱する」+덕「オタク」で「オタクを脱する」。

016

在宅オタク ｜ 안방순이
アンバンスニ

コンサートやイベントに参加することなく、家で推し活をするオタク。

在宅オタクは心で応援します！

アンバンスニヌン　マウムロ　ウンウォナケヨ
안방순이는 마음으로 응원할게요!

▶ 最後の2文字を変えて、안방수니（アンバンスニ）と表記することもあります。

017

オタ友 ｜ 덕메
トンメ

いっしょに推し活をする仲間。

オタ友募集！

トンメ グハm
덕메 구함!

▶ 「オタ活メイト」の덕질 메이트（トkチrメイトゥ）の略。

018

雑食オタク ｜ 잡덕
チャpトk

いろいろな人物やグループが好きなオタク。

かっこいい人が多すぎて、雑食オタクになりそうです。

モシンヌン　サラミ　ノム　マナソ　チャpトギ トゥェr コッ カタヨ
멋있는 사람이 너무 많아서 잡덕이 될 것 같아요.

▶ 잡「雑」＋덕「オタク」で「雑食オタク」。

019

非オタ ｜ 머글
モグr

オタクから見た、自分の推しに詳しくない人。

私の推しは非オタにも有名です。

チェ チュエエヌン　モグレゲド　ユミョンヘヨ
제 최애는 머글에게도 유명해요.

▶ 머글（モグr）は『ハリーポッター』シリーズの造語「マグル」（魔法使いではない、普通の人間）に由来します。

ガチ勢

コインムr
고인물

1つの分野を極める人。韓国ではゲームの世界で使われ始め、他のジャンルにも普及した言葉。

私はK-POPのガチ勢です。

チョン ケイパp コインムリエヨ
전 K-POP 고인물이에요.

(▷) 直訳すると「1か所に溜まる水」という意味。

Twitter友だち

トゥチン
트친

Twitterで知り合った友達。

私たち、Twitter友だちになりましょう!

ウリ トゥチ ネヨ
우리 트친 해요!

(▷) 「Twitter」のトゥイター(トゥウィト)、「友だち」の친구(チング)を組み合わせた言葉の略。

布教

ヨンオp
영업

推しの魅力を周りの人々に広めること。

友達に布教されました。

チングハンテ ヨンオp タンヘッソヨ
친구한테 영업 당했어요.

(▷) 영업(ヨンオp)は直訳すると「営業」。日本のオタク用語でいう「布教」の意味で使われます。

聖地巡礼

ソンジスrレ
성지순례

本来は、宗教上の聖なる場所を訪れるという意味。転じて、作品のロケ地や舞台を巡ることを指す。

聖地巡礼行ってきました!

ソンジスrレ タニョワッソヨ
성지순례 다녀왔어요!

(▷) 韓国でも、作品のロケ地や舞台を巡ることを「聖地巡礼」に例える表現が使われます。

024 マスター　｜　홈마 _{ホmマ}

元々は、私設ファンサイトの代表という意味。現在は、アイドルの写真を撮影しSNSにアップするファンを指す。

マスターさんのプレビュー写真、きれいすぎる！

_{ホmマ　プリビュ　サジン　ノム　イェッポ}
홈마 프리뷰 사진 너무 예뻐!

マスターさんのアカウントフォロー、完了！

_{ホmマ　ケジョン　パロ　ワリョ}
홈마 계정 팔로 완료!

▶ 홈마 (ホmマ) は「ホームページマスター」を意味する홈페이지 마스터 (ホmペイジ マスト) の略。イベントや移動中のアイドルをプロ顔負けのカメラで撮影し、その写真をSNSなどにアップしています。アイドルの宣伝になるため、多くの事務所が黙認しているのが実情です。

025 金の手　｜　금손 _{クmソン}

グッズやファンアートを器用につくる人。くじ引きなどで運がいい人を表すことも。

私たちのファンダムには器用な人 (金の手) が多いです。

_{ウリ　ペンドメヌン　クmソニ　マナヨ}
우리 팬덤에는 금손이 많아요.

026 分かち合い (無料配布)　｜　나눔 _{ナヌm}

ファン同士がスローガンやトレーディングカードなどのグッズを無料で配布しあうこと。

無料配布するので、もらってください〜！

_{ナヌm　パダ　ガセヨ}
나눔 받아 가세요~!

公式

オビショr
오피셜

アイドルの所属事務所や作品の版権元、またはそれらのSNSアカウントのこと。

公式の発表を待っています。

オビショr ットゥギルr キダリゴ イッソヨ
오피셜 뜨기를 기다리고 있어요.

▶ 英語のofficialを韓国語で表記した言葉。略して피셜 (ピショr) ということも。

ファンミ
(ファンミーティング)

ペンミ ペンミティン
팬미 (팬미팅)

アイドルや俳優が、ファンとの交流のために開くイベント。トークやゲームが中心。

いよいよ今日はファンミ！ ドキドキ♡

トゥディオ オヌr ペンミ トゥグンドゥグン
드디어 오늘 팬미! 두근두근♡

サイン会
(ファンサイン会)

ペンッサ ペンサイヌェ
팬싸 (팬사인회)

アイドルや俳優などの有名人が、ファンの色紙などにサインをするイベント。

サイン会当たった人、本当に羨ましい。

ペンッサ コrリン サラm チンッチャ プロプタ
팬싸 걸린 사람 진짜 부럽다.

▶ 「握手会」は악수회 (アkスフェ)、「ハイタッチ会」は하이터치회 (ハイトチフェ)。

ビデオ通話会

ヨントン
영통

アイドルとファンが、1対1のビデオ電話で会話を楽しむイベント。

初めてのヨントン、緊張する〜！

チョン ニョントン キンジャンドゥェンダ
첫 영통 긴장된다~!

▶ 元々は「ビデオ通話サイン会」영통 팬싸 (ヨントン ペンッサ) と呼ばれていました。

レポ	후기 フギ

031

ファンが記録した、イベントやコンサートなどの感想。映画や通販のレビューにも使われる言葉。

サイン会のレポ、待ってます!

ペンッサ　フギ　キダリrケヨ
팬싸 후기 기다릴게요!

032

空席	포도알 ポドアr

イベントやコンサートなどのチケット購入画面において、空いていて予約可能な席。

私の席はどこにもない…

ネ　ポドアr　アム　デド　オpソ
내 포도알 아무 데도 없어...

▶ 画面上では紫色で表示されることが多く、「ぶどうの粒」を意味する포도알と呼ばれるように。

033

チケッティング	티켓팅 ティケッティン

イベントやコンサートのチケットを買うこと。抽選が多い日本と異なり、韓国では先着順が一般的。

今回のチケッティング、完全に血ケッティング…

イボン　ティケッティン　ワンジョン　ピケッティンイダ
이번 티켓팅 완전 피켓팅이다...

取ケッティング成功!

チュイケッティン　ソンゴン
취켓팅 성공!

▶ チケッティングに関する造語はたくさんあります。1文字目のEIを「血」を意味する피（ピ）にかえると「血ケッティング」（血を流すほど壮絶なチケット争奪戦）、「キャンセル」を意味する취소（チュィソ）の취にかえると「取ケッティング」（キャンセルされたチケットが手に入ること）に。

カムバック

컴백
<small>コmベk</small>

アイドルが新曲を発表し、番組出演などの活動をすること。兵役を終えて活動を再開する際にも使われる。

カムバックの日程が出ました！

컴백 일정 나왔어요!
<small>コmベk イrチョン ナワッソヨ</small>

カムバックのショーケース、楽しみすぎる！

컴백 쇼케이스 너무 기대돼!
<small>コmベk ショケイス ノム キデドゥェ</small>

(▶) 韓国のアイドルは、新曲を発表してから1か月弱のあいだ、番組出演などの活動を行い、また次の新曲のための準備期間に入ります。準備期間中はアイドルの姿を見る機会は少なくなるため、新曲発表時は「おかえり」という意味を込めて「カムバック」と呼ばれます。

ネタバレ

스포
<small>スポ</small>

アイドルや関係者が、情報解禁前に新曲や今後の予定をほのめかすこと。

新しいアルバムのネタバレ、ちょっとだけお願いします！

새 앨범 스포 조금만 해 주세요!
<small>セ エrボm スポ チョグmマン ヘ ジュセヨ</small>

ネタバレ注意！

스포 주의!
<small>スポ ジュイ</small>

(▶) 英語のspoilerの略。作品の重要な展開や結末を暴露する行為に加え、韓国のアイドルが新曲のコンセプトや振付などをこっそり知らせる行為を表します。いち早く情報を知りたいファンが、配信やSNSでアイドルにネタバレをお願いすることもあります。

036

| 完全体 | ワンジョンチェ
완전체 |

病気や兵役などで活動を休止していたメンバーが戻ってきて、グループ全員が揃うこと。

推しグルの完全体でのカムバ、超嬉しい!

チュエ グルp ワンジョンチェ コmベk ノm キッポ
최애 그룹 완전체 컴백 넘 기뻐!

037

| 軍白期 | クンベッキ
군백기 |

韓国の男性芸能人が兵役で活動休止する期間。「空白期」の「空」を「軍」に変えた言葉。

推しの軍白期、どうやって耐えよう…

チュエ クンベッキ オットケ キョンディョ
최애 군백기 어떻게 견뎌...

038

| 1位公約 | イルィ ゴンヤk
1위 공약 |

政治家の公約のように、アイドルが音楽チャートで1位になったら○○をするという、ファンへの約束。

1位公約を見るために、絶対に1位にしてやる!

イルィ ゴンヤk ボギ ウィヘソ ムジョコン イルィ マンドゥンダ
1위 공약 보기 위해서 무조건 1위 만든다!

(▶) ドラマの視聴率を賭けて俳優が約束する「視聴率公約」の視聴率 公約（シチョンニュr ゴンヤk）もあります。

039

| 逆走 | ヨkチュヘン
역주행 |

発売後しばらく経った曲が、チャートをさかのぼって上位になること。

逆走いきましょう!

ヨkチュヘン カズア
역주행 가즈아!

(▶) 가즈아（カズア）は「行こう」を意味する가자（カジャ）を伸ばして強く発音した言葉。

事前収録

사녹 (사전 녹화)
<small>サノk　サジョン　ノクァ</small>

音楽番組におけるアイドルやアーティストのパフォーマンスを、放送前に収録すること。

事前収録待機中！

사녹 대기 중!
<small>サノk　テギ　ジュン</small>

事前収録で配られたトレカが最高。

사녹 때 나눠 준 포카 최고.
<small>サノk　ッテ　ナヌォ　ジュン　ポカ　チュェゴ</small>

(▸) 韓国の音楽番組は基本的に生放送ですが、パフォーマンスの多くは放送前に収録されます。ファンクラブの会員やアルバムの購入者等が観覧に応募でき、収録当日には記念品として「トレーディングカード（フォトカード）」포토 카드 (ポト カドゥ)、略して포카 (ポカ) が配られることもあります。

公開放送

공방 (공개 방송)
<small>コンバン　コンゲ　バンソン</small>

観客を入れて行われる、生放送や事前収録の総称。ファンクラブの会員が優先されるが、一般向けの席も用意されている。

公開放送のお知らせが出ました。

공방 공지 나왔어요.
<small>コンバン　ゴンジ　ナワッソヨ</small>

番組観覧

방청
<small>バンチョン</small>

公開放送に参加して、ステージを観ること。至近距離でアイドルのパフォーマンスが観られる貴重な機会。

やった、番組観覧当たった！

아싸, 방청 걸렸다!
<small>アッサ　バンチョン　コllリョッタ</small>

(▸) 방청 (バンチョン) は直訳すると「傍聴」という意味。

043

掛け声

ウンウォンポ p
응원법

公開放送やコンサートでファンが叫ぶ合いの手。

動画見ながら掛け声の練習します！

トンニョンサン　ポミョンソ　ウンウォンポ p　ヨンスパ r ケヨ
동영상　보면서　응원법　연습할게요!

直訳すると「応援法」。アイドルの所属事務所が曲ごとに公式の掛け声を作り、動画サイトなどで発表します。

044

キリングパート

キ r リン　パトゥ
킬링 파트

曲の中で強烈な印象を与える部分。

推しがキリングパート製造機です。

チュエガ　キ r リン　パトゥ　チェジョギエヨ
최애가　킬링 파트　제조기예요.

英語の killing part が由来。killing は「やばい、最高な」という意味のスラング。

045

ダンスブレイク

テンス　ブレイク　テンブ
댄스 브레이크 (댄브)

歌詞のない間奏で披露される、激しいダンス。

最高のダンスブレイク。

チュェゴエ テンス　ブレイク
최고의 댄스 브레이크.

046

キレッキレのダンス

カ r グンム
칼군무

グループで息のぴったり合った、キレのあるダンス。

キレッキレのダンスがすばらしすぎる！

カ r グンム チャンナ ナニダ
칼군무 장난 아니다!

칼「刀」+군무「群舞」で「刀のようにキレのある群舞」。

エンディング妖精

エンディンニョジョン
엔딩 요정

パフォーマンスが終わるとき、最後にカメラに映るメンバー。カメラ目線でいろいろな表情を見せてくれる。

エンディング妖精、優勝してる。

エンディン ニョジョン ッチャンイダ
엔딩 요정 짱이다.

愛嬌

エギョ
애교

アイドルがファンに見せてくれる、かわいらしい表情やポーズ。

推しの愛嬌が心臓に悪い…

チュェエ エギョ シmジャンエ ヘロpタ
최애 애교 심장에 해롭다...

ビジュアル

ビジュオr
비주얼

顔や髪型などの容姿。容姿ばかりに注目するのはよくないが、アイドルが努力している部分のひとつと言える。

ビジュアルよすぎる。

ビジュオr ッチョンダ
비주얼 쩐다.

> 略して비주(ビジュ)とも。「顔天才」という意味の顔 천재(オrグr チョンジェ)もよく使います。

表情演技

ピョジョンニョンギ
표정 연기

アイドルがパフォーマンス中、カメラに向かって曲に合わせた表情を見せること。

表情演技の達人。

ピョジョン ニョンギエ タリン
표정 연기의 달인.

> 日本のオタクがよく使う「表情管理」は、韓国語だと「本音を顔に出さない」という意味に。

051

直接撮った動画 ｜ チ k ケ m
직캠

アイドルのパフォーマンスを1台のカメラで追いかけて撮影した動画。

チッケム公開、待ってます。

チ k ケ m　ゴンゲ　キダリョヨ
직캠 공개 기다려요.

うちの子のチッケム、バズってる！

ウリ　エ　チ k ケ m　ッ t サン　ジュン
우리 애 직캠 떡상 중!

▶ 직접「直接」の직（チ k）と、「カメラ」を意味する캠（ケ m、"cam"）を組み合わせた合成語だといわれています。元々はファンが撮影した動画を表す言葉でしたが、最近は音楽番組の YouTube チャンネルで公式のチッケムが公開されるようになりました。

052

直接撮った写真 ｜ チ k ッチ k
직찍

イベントや移動中のアイドルをファンが撮影した写真。

修正なしの直撮りがこんなに美しいなんて神。

ボジョン　ア　ナン　ジ k ッチギ　イロケ　イェッ p ダニ　テバ k
보정 안 한 직찍이 이렇게 예쁘다니 대박.

▶ p.17 で説明したように、マスターによるアイドルの写真撮影は、多くの事務所が黙認しています。

053

TMI ｜ ティエマイ
TMI

Too Much Information の略。どうでもいい情報、おまけの情報。

今日の TMI は何ですか？

オヌレ　ティエマイヌン　ムオエヨ
오늘의 TMI는 뭐예요?

▶ 最近韓国では、アイドルの配信やサイン会などで「今日の TMI は何ですか？」と尋ねるファンが多いです。

CHAPTER

1

韓国エンタメ必修単語

お兄ちゃん

형 / 오빠
ヒョン / オッパ

年上の男性の呼称。血のつながった兄にも、親しい年上の他人にも使われる。

お兄ちゃんたちに甘えるマンネがかわいすぎ…

형들한테 어리광부리는 막내 졸귀...
ヒョンドゥランテ　オリグァンブリヌン　マンネ　チョグィ

オッパと呼んでもいいですか？

오빠라고 불러도 돼요?
オッパラゴ　プ<small>r</small>ロド　ドゥェヨ

(▶) 형 (ヒョン) は男性から見た年上の男性。오빠 (オッパ) は女性から見た年上の男性。男性アイドルグループで、年下メンバーが年上メンバーを형 (ヒョン) と呼び甘える姿は尊いです。推しの男性アイドルを오빠 (オッパ) と呼びたいのは女性ファンあるある。

お姉ちゃん

언니 / 누나
オンニ / ヌナ

年上の女性の呼称。血のつながった姉にも、親しい年上の他人にも使われる。

オンニ組、さすがの安定感だね！

언니라인 역시 안정감 있네!
オンニライン　ヨkシ　アンジョンガ　ミンネ

ヌナと呼んでください！

누나라고 불러 주세요!
ヌナラゴ　プ<small>r</small>ロ　ジュセヨ

(▶) 언니 (オンニ) は女性から見た年上の女性。누나 (ヌナ) は男性から見た年上の女性。女性アイドルグループにおいて、年下メンバーが年上メンバーを「○○お姉ちゃん」のように○○ 언니 (オンニ) と呼ぶ光景がよく見られます。

056

末っ子 ｜ 막내

<small>マンネ</small>

本来は、最後に生まれたきょうだいという意味。
転じて、グループの中で最年少のメンバーのこと。

最強の愛されマンネ♡

<small>チュェガン　サラン パンヌン　マンネ</small>
최강　사랑 받는 막내♡

057

先輩 ｜ 선배

<small>ソンベ</small>

本来は、学校や職場に先に入った人という意味。転じて、芸能界で先にデビューした人のこと。

私たちの会社の先輩の曲をカバーしました。

<small>チョイ フェサ ソンベニメ コグr　コボヘッソヨ</small>
저희 회사 선배님의 곡을 커버했어요.

058

相性のいいコンビ ｜ 케미

<small>ケミ</small>

化学反応（ケミストリー）が起こるほどの名コンビ。ファンはいろいろなメンバーを組み合わせては、ケミに愛称をつける。

マジでケミ爆発！

<small>ワンジョン　ケミ　ポkパr</small>
완전　케미 폭발!

▶ 「ケミがいい」は케미가 좋다（ケミガ チョタ）などといいますが、케미（ケミ）単独でもほめ言葉になります。

059

○○組 ｜ ○○라인

<small>ライン</small>

年齢やポジションなどの共通点があるメンバー同士のこと。

存在だけで心強いお兄ちゃん組。

<small>チョンジェマヌロ トゥンドゥナン ヒョンライン</small>
존재만으로　든든한　형라인.

▶ 他にも「ラップ組」の랩라인（レmライン）など。生まれ年が同じメンバーは「97年組」구칠즈（クチrジュ）のように、漢数詞のあとに즈をつけて表すことが多いです。

サポート

ソポトゥ
서포트

推しの誕生日やデビューなどを祝うため、ファン有志が広告を出したり、推しの名前で寄付したりする活動。

私も誕生日サポートに参加したいです！

チョド センイr ソポトゥエ チャmガハゴ シボヨ
저도 생일 서포트에 참가하고 싶어요!

推しへのプレゼント

チョゴン
조공

元々は「貢ぎ物」という意味。転じて、ファンが推しに送るプレゼントを表す。

プレゼントはどこに送ればいいですか？

チョゴンウン オディロ ボネミョンドゥェヨ
조공은 어디로 보내면 돼요?

▸ 一般的な「プレゼント」を意味する言葉は선물（ソンムr）。最近は、ファンからアイドルへのプレゼントを禁止している事務所が多いです。

推しからのプレゼント

ヨkチョゴン
역조공

元々は「逆の貢ぎ物」という意味。転じて、番組観覧などに訪れたファンに推しが用意するプレゼントを表す。

推しからのプレゼントに感動♡

ヨkチョゴン カmドン
역조공 감동♡

推しとお揃い

ソンミンス
손민수

推しと同じものを身につけること。

推しが着ていたTシャツとお揃いのものを着てみた。

チュェエガ イボットン ティショチュ ソンミンス へ ブァッタ
최애가 입었던 티셔츠 손민수 해 봤다.

▸ 韓国のWeb漫画「チーズ・イン・ザ・トラップ」で、主人公に憧れて髪型から持ち物まで真似る登場人物の名前から。

064

総攻撃
チョンゴン チョンゴンギョk
총공 (총공격)

音楽チャートやTwitterのトレンドで推しを1位にするため、ファンが一斉に曲を聴いたり特定のワードを投稿したりすること。

今日総攻撃お願いします～！

オヌ r チョンゴン プタkトゥリョヨ
오늘 총공 부탁드려요~!

▶ 音楽チャート入りをめざす스밍총공（スミンチョンゴン）、Twitterのトレンド入りをめざす실트총공（シrトゥチョンゴン）など。

065

ストリーミングでの
音楽再生
スミン　　ストゥリミン
스밍 (스트리밍)

音源サイトで推しの曲を繰り返し再生すること。チャート1位を獲るため、ファンが協力を呼びかけあう。

今日のストリーミング再生忘れないでください！

オヌ r スミン イッチ マセヨ
오늘 스밍 잊지 마세요!

▶ 뮤밍（ミュミン）は「動画サイトでのミュージックビデオ再生」。

066

リアルタイムのトレンド
シrトゥ
실트

Twitterのトレンド。1位を獲るため、ファンが連帯して特定のワードを投稿することも。

今、リアルタイムのトレンド、うちの子たちですよ！

チグ m シrトゥ イ r イ　ウリ　エドゥリエヨ
지금 실트 1위 우리 애들이에요!

▶ 실시간 트렌드（シrシガン トゥレンドゥ）の略。各ポータルサイトが発表するリアルタイム検索ワード실검（シ r ゴ m）で、1位をめざすこともあります。

067

リアタイ
ボンバンサス
본방사수

テレビ・ラジオ番組やネット配信を放送時間に視聴すること。

今日もリアタイしますね～！

オヌrド　ボンバンサス　ハゲヨ
오늘도 본방사수 할게요~!

▶ 直訳すると「本放送死守」。

CHAPTER

1

韓国エンタメ必修単語

K-POP

068	アイドル	<ruby>アイ<rt>アイ</rt></ruby>돌 アイドr 아이돌

068 アイドル　アイドr　아이돌

069 歌手　カス　가수

070 アーティスト　アティストゥ　아티스트

071 練習生　ヨンスpセン　연습생

072 芸能事務所　ヨネ キフェkサ　연예 기획사

073 レコード会社　レコドゥサ　레코드사

074 スカウト　スカウトゥ　스카우트

075 オーディション　オディション　오디션

076 募集　モジp　모집

077 応募　ウンモ　응모

078 受験　テストゥ　테스트

079 審査　シmサ　심사

080 評価　ピョンカ　평가

081 投票　トゥピョ　투표

082 合格　ハpキョk　합격

083 不合格　プラpキョk　불합격

「男性アイドル」は남돌（ナmドr）、「女性アイドル」は여돌（ヨドr）。

芸能事務所に所属し、歌やダンスの練習に励むアイドル志望者のこと。

直訳は「演芸企画社」。一般的に기획사だけで使われます。「所属社」の소속사（ソソkサ）ということも。

道でスカウトされることは「路上キャスティング」という意味の길거리 캐스팅（キrコリ ケスティン）といいます。

30

084	脱落	タ r ら k タ 탈락
085	デビュー	テブィ 데뷔
086	日本デビュー	イ r ボン デブィ 일본 데뷔
087	ソロデビュー	ソ r ロ デブィ 솔로 데뷔
088	ヒット	ヒトゥ 히트
089	受賞	スサン 수상
090	授賞式	シサンシk 시상식
091	新人賞	シニンサン 신인상
092	今年の歌手賞	オレエ カスサン 올해의 가수상
093	ショーケース	ショケイス 쇼케이스
094	カムバックステージ	コmベk ステイジ 컴백 스테이지
095	グッバイステージ	クッパイ ステイジ 굿바이 스테이지
096	海外進出	ヘウェ チンチュr 해외 진출
097	活動休止	ファrトン ジュンダン 활동 중단
098	解散	ヘチェ 해체
099	引退	ウントゥェ 은퇴
100	活動再開	ファrトン ジェゲ 활동 재개
101	復帰	ボkクィ 복귀

直訳すると「施賞式」。K-POPアーティストの授賞式 は「MAMA AWARDS」などが知られています。

その年で最も活躍した歌手またはグループに与えられる賞。「大賞」という意味の大賞 (テサン) ということも。

新曲発表後初の音楽番組出演が「カムバックステージ」、カムバック期間中最後の音楽番組出演が「グッバイステージ」。

CHAPTER 1　韓国エンタメ必修単語

102	歌	<ruby>노래<rt>ノレ</rt></ruby>
103	ダンス	<ruby>댄스<rt>テンス</rt></ruby>
104	ラップ	<ruby>랩<rt>レp</rt></ruby>
105	歌詞	<ruby>가사<rt>カサ</rt></ruby>
106	振付	<ruby>안무<rt>アンム</rt></ruby>
107	作詞	<ruby>작사<rt>チャkサ</rt></ruby>
108	作曲	<ruby>작곡<rt>チャkコk</rt></ruby>
109	編曲	<ruby>편곡<rt>ピョンゴk</rt></ruby>
110	バンド	<ruby>밴드<rt>ペンドゥ</rt></ruby>
111	演奏	<ruby>연주<rt>ヨンジュ</rt></ruby>
112	パフォーマンス	<ruby>퍼포먼스<rt>ポポモンス</rt></ruby>
113	新曲	<ruby>신곡<rt>シンゴk</rt></ruby>
114	シングル	<ruby>싱글<rt>シングr</rt></ruby>
115	ミニアルバム	<ruby>미니 앨범<rt>ミニ エrボm</rt></ruby>
116	アルバム	<ruby>앨범<rt>エrボm</rt></ruby>
117	リパッケージアルバム	<ruby>리패키지 앨범<rt>リペキジ エrボm</rt></ruby>
118	タイトル曲	<ruby>타이틀곡<rt>タイトゥrゴk</rt></ruby>
119	コンセプト	<ruby>콘셉트<rt>コンセpトゥ</rt></ruby>

すでに発売されているアルバムに新曲や新しいミュージックビデオを追加して販売するアルバム。

アルバムの代表曲。カムバックしたらまずは「タイトル曲」、次に「後続曲」(후속곡/フソkコk)で活動するのが一般的。

アルバムやグループの世界観。かわいい系、クール系などの定番に加え、超能力系といった変わったコンセプトも。

32

120	ボーイズグループ	_{ボイグルp} 보이그룹
121	ガールズグループ	_{コrグルp} 걸그룹
122	メンバー	_{メmポ} 멤버
123	日本人メンバー	_{イrボニン メmポ} 일본인 멤버
124	新メンバー	_{セ メmポ} 새 멤버
125	リーダー	_{リド} 리더
126	ポジション	_{ポジション} 포지션
127	メインボーカル	_{メイン ボコr} 메인 보컬
128	リードボーカル	_{リドゥ ボコr} 리드 보컬
129	サブボーカル	_{ソブ ボコr} 서브 보컬
130	メインラッパー	_{メイン レポ} 메인 래퍼
131	メインダンサー	_{メイン テンソ} 메인 댄서
132	バックダンサー	_{ベk テンソ} 백 댄서
133	作詞家	_{チャkサガ} 작사가
134	作曲家	_{チャkコkkカ} 작곡가
135	振付師	_{アンムガ} 안무가
136	プロデューサー	_{プロデュソ} 프로듀서
137	マネージャー	_{メニジョ} 매니저

> 日本では「ナムジャグル」「ヨジャグル」という言葉がよく使われますが、韓国ではこれらの言い回しのほうが一般的。

> グループにおける歌やダンスなどの役割のこと。ビジュアル担当、ギャグ担当などでポジションをわけることも。

CHAPTER 1 韓国エンタメ必修単語

33

138	ティーザー	<ruby>티저<rt>ティジョ</rt></ruby>
139	トレーラー	<ruby>트레일러<rt>トゥレイrロ</rt></ruby>
140	ミュージックビデオ	<ruby>뮤직비디오<rt>ミュジkビディオ</rt></ruby>
141	パフォーマンスビデオ	<ruby>퍼포먼스 영상<rt>ポポモンス ヨンサン</rt></ruby>
142	ダンスプラクティスビデオ	<ruby>안무 연습 영상<rt>アンム ヨンスm ニョンサン</rt></ruby>
143	自主制作コンテンツ	<ruby>자컨<rt>チャコン</rt></ruby>
144	Vlog	<ruby>브이로그<rt>ブイログ</rt></ruby>
145	ビハインド(舞台裏)映像	<ruby>비하인드 영상<rt>ビハインドゥ ヨンサン</rt></ruby>
146	メイキング映像	<ruby>메이킹 영상<rt>メイキン ニョンサン</rt></ruby>
147	未公開映像	<ruby>미공개 영상<rt>ミゴンゲ ヨンサン</rt></ruby>
148	チャート	<ruby>차트<rt>チャトゥ</rt></ruby>
149	CD	<ruby>시디<rt>シディ</rt></ruby>
150	DVD	<ruby>디비디<rt>ティビディ</rt></ruby>
151	Blu-ray	<ruby>블루레이<rt>ブルルレイ</rt></ruby>
152	ストリーミング	<ruby>스트리밍<rt>ストゥリミン</rt></ruby>
153	写真集	<ruby>화보집<rt>ファボジp</rt></ruby>
154	レコーディング	<ruby>레코딩<rt>レコディン</rt></ruby>
155	ジャケット撮影	<ruby>자켓 촬영<rt>チャケッ チュアリョン</rt></ruby>

パフォーマンスだけを映した映像のこと。영상(ヨンサン)は「映像」。

アイドルが1曲通しでダンスを練習している様子を定点で映した映像。これを見て振付をまねるファンもいます。

事務所が制作するYouTube用コンテンツ。자체 컨텐츠 (チャチェ コンテンツ)の略。

CDとDVDは、韓国でもアルファベットで表記するのが一般的です。

「ジャケット」の正しい表記は재킷 (チェキッ)ですが、자켓 (チャケッ)がよく使われます。

34

156	宿舎	スkソ 숙소	
157	公開恋愛	コンゲ ヨネ 공개 연애	基本的には恋愛をしないように（バレないように？）していますが、人気アイドル同士恋愛を公開することもあります。
158	熱愛	ヨレ 열애	
159	スキャンダル	スケンドゥr 스캔들	
160	軍隊	クンデ 군대	
161	入隊	イpテ 입대	
162	除隊	チェデ 제대	
163	ファンカフェ	ペンカペ 팬카페	ファンコミュニティのWebページ。ファンが管理する私設のものや、事務所が管理する公式のものが存在します。
164	入会	カイp 가입	
165	会員	フェウォン 회원	
166	ランクアップ	トゥンオp 등업	등급 업（トゥング ボp）「等級アップ」の略。ファンカフェに入会しても、会員ランクを上げないと使える機能に限りがあります。
167	申請	シンチョン 신청	

CHAPTER

1

韓国エンタメ必修単語

宿舎での共同生活も魅力！

韓国のアイドルの特徴の一つは、練習生のときから共同生活をすることです。事務所が持つ宿舎の別々の部屋で暮らすケースや、ひとつの部屋を複数のメンバーでシェアするケースがあります。宿舎での様子はテレビ番組やSNSで公開されることもあり、誕生日を祝いあうなどの仲睦まじい姿にファンはほっこり。人気が出てからしばらく経つと、宿舎を出ていくメンバーも多く、少し寂しい気持ちにさせられます。

映画・テレビ

168	**映画**	_{ヨンファ} 영화
169	**公開**	_{ケボン} 개봉
170	**テレビ**	_{テrレビジョン} _{ティビ} 텔레비전 (티비)
171	**番組**	_{プログレm} 프로그램
172	**放送**	_{パンソン} 방송
173	**生放送**	_{センバンソン} 생방송
174	**再放送**	_{チェバンソン} 재방송
175	**収録**	_{ノクァ} 녹화
176	**視聴**	_{シチョン} 시청
177	**観覧**	_{クァrラm} 관람
178	**音楽番組**	_{ウmバン} 음방
179	**カムバック期間中の最初の放送**	_{チョッバン} 첫방
180	**カムバック期間中の最後の放送**	_{マkバン} 막방
181	**アイドルスター選手権大会**	_{アユkテ} _{アイドrスタ} _{ソンスクォンデフェ} 아육대 (아이돌스타 선수권대회)
182	**バラエティ番組**	_{イェヌン} _{プログレm} 예능 프로그램
183	**リアリティ番組**	_{リオrリティ} _{プログレm} 리얼리티 프로그램

「音楽放送」という意味の음악 방송（ウマk パンソン）の略。

韓国のアイドルがスポーツで競う特別番組。主に旧正月や秋夕（韓国のお盆）に放送されます。

自宅での生活、旅行先での様子など、タレントの飾らない素顔が見られる番組。

184	ドラマ	^{トゥラマ}드라마
185	恋愛	^{ヨネ}연애
186	コメディ	^{コミディ}코미디
187	サスペンス	^{ソスペンス}서스펜스
188	ミステリー	^{ミストリ}미스터리
189	時代劇	^{サグk}사극
190	アクション	^{エkション}액션
191	ホラー	^{ホロ}호러
192	ドキュメンタリー	^{タキュメントリ}다큐멘터리
193	月火ドラマ	^{ウォルァ ドゥラマ}월화 드라마
194	水木ドラマ	^{スモk トゥラマ}수목 드라마
195	週末ドラマ	^{チュマr ドゥラマ}주말 드라마
196	非現実的なドラマ	^{マkチャン ドゥラマ}막장 드라마
197	最終回	^{チュェジョンフェ}최종회
198	どんでん返し	^{パンジョン}반전
199	CM（コマーシャル）	^{シエブ}CF
200	予告	^{イェゴ}예고
201	続編	^{ソkピョン}속편

韓国の連続ドラマは週に2話ずつ放送されるのが一般的。月・火の夜、水・木の夜、土・日の夜に枠があります。

ドロドロの愛憎劇や記憶喪失などの展開が次々と起こるドラマ。文句を言いつつ夢中になる視聴者が多いです。

英語の Commercial Film の略語。CMによく起用される女性タレントは CF クィン（シエブクィン）「CM女王」、男性タレントは CF 킹（シエブキン）「CM王」と呼ばれます。

202	**俳優**	ベウ 배우	
203	**主演**	チュヨン 주연	準主役級のキャラクターは、「サブの男」を意味する서브남주（ソブナmジュ）、「サブの女」を意味する서브여주（ソブヨジュ）といいます。
204	**出演**	チュリョン 출연	
205	演技	ヨンギ 연기	
206	**セリフ**	テサ 대사	
207	脚本	カkボン 각본	
208	**監督**	カmドk 감독	
209	**キャスティング**	ケスティン 캐스팅	
210	**字幕**	チャマk 자막	
211	**主題歌**	チュジェガ 주제가	
212	**エンドロール**	エンディン クレディッツ 엔딩 크레딧	
213	司会者	サフェジャ 사회자	MC（엠시／エmシ）ということも多いです。
214	**レギュラー出演者**	コジョン チュリョンジャ 고정 출연자	
215	**ゲスト**	ケストゥ 게스트	
216	**トーク**	トク 토크	
217	クイズ	クィジュ 퀴즈	
218	**ドッキリ**	モレカメラ 몰래카메라	直訳すると「隠しカメラ」。最近は「不法な撮影」という意味で、犯罪の報道の際にこの言葉が使われることもあります。
219	リアクション	リエkション 리액션	

220	ゲーム	ケイm 게임
221	ミッション	ミッション 미션
222	成功	ソンゴン 성공
223	失敗	シrペ 실패
224	対決	テギョr 대결
225	勝ち	スン 승
226	負け	ペ 패
227	じゃんけんぽん	カウィバウィボ 가위바위보
228	賞品	サンプm 상품
229	罰ゲーム	ポrチk 벌칙
230	ものまね	ソンデモサ 성대모사
231	一発芸	ケインギ 개인기

> 日本の「最初はグー」を、韓国では「出さないと負け」という意味の안 내면 진거 (アンネミョンチンゴ) といいます。

アイドルの意外な一面が楽しめるゲーム

韓国のバラエティ番組では、さまざまな面白いゲームが行われます。高速の楽曲にあわせて踊る「2倍速ダンス」(2 배속 댄스／イベソk テンス) や、爆音が流れるヘッドフォンを着用した状態で相手の言葉を推理する「イヤホンガンガンゲーム」(고요속의 외침 게임／コヨソゲ ウェチm ケイm)、お題に対して一斉に回答し同じ答えをめざす「一心同体ゲーム」(일심동체 게임／イrシmドンチェ ケイm) などが定番です。

動画・SNS

232	**動画**	<ruby>동영상<rt>トンニョンサン</rt></ruby>
233	**撮影**	<ruby>촬영<rt>チュアリョン</rt></ruby>
234	**編集**	<ruby>편집<rt>ピョンジp</rt></ruby>
235	**ライブ配信**	<ruby>라이브 방송<rt>ライブ パンソン</rt></ruby>
236	**アップロード**	<ruby>업로드<rt>オmノドゥ</rt></ruby>
237	**検索**	<ruby>검색<rt>コmセk</rt></ruby>
238	**再生**	<ruby>조회<rt>チョフェ</rt></ruby>
239	**再生回数**	<ruby>조회수<rt>チョフェス</rt></ruby>
240	**スクリーンショット**	<ruby>캡처<rt>ケpチョ</rt></ruby>
241	**チャンネル登録**	<ruby>채널 구독<rt>チェノr グドk</rt></ruby>
242	**チャンネル登録者数**	<ruby>채널 구독자수<rt>チェノr グドkチャス</rt></ruby>
243	**コメント**	<ruby>댓글<rt>テックr</rt></ruby>
244	**サムネイル**	<ruby>섬네일<rt>ソmネイr</rt></ruby>
245	**チャンネル情報**	<ruby>채널 정보<rt>チェノr ジョンボ</rt></ruby>
246	**広告**	<ruby>광고<rt>クァンゴ</rt></ruby>
247	**急上昇**	<ruby>급상승<rt>クpサンスン</rt></ruby>

> 대답하다 (テダパダ)「答える」と글 (クr)「文字、文章」を組み合わせてできた言葉。動画やSNSの投稿へのコメントを意味します。

> YouTubeチャンネルの説明欄である「概要」は、韓国では「情報」(정보) と表示されます。

40

248	メイク動画	메이크업 동영상 (メイクオp トンニョンサン)
249	ASMR	에이에스엠알 (エイエスエマr)
250	モッパン	먹방 (モkパン)
251	アカウント	계정 (ケジョン)
252	開設	개설 (ケソr)
253	フォロー	팔로우 (パrロウ)
254	フォロワー	팔로워 (パrロウォ)
255	DM	디엠 (ティエm)
256	ツイート	트위터 (トゥウィト)
257	リツイート	리트윗 (リトゥウィッ)
258	リプライ	리플 (リプr)
259	(Instagramの)ストーリーズ	인스스 (インスス)
260	インスタ映え	인스타 감성 (インスタ カmソン)
261	ハッシュタグ	해시태그 (ヘシテグ)
262	自撮り	셀카 (セrカ)
263	鏡越しの自撮り	거울샷 (コウrシャッ)
264	認証ショット	인증샷 (インジュンシャッ)
265	バズる(話題になる)	화제가 되다 (ファジェガ トゥエダ)

サクサクのチキンの咀嚼音など、脳が刺激されるような心地よい音を、高性能なマイクで収録した動画。

食べる放送(モンヌン パンソン)「食べる放送」の略。おいしそうに食事をする様子を映した、韓国発の動画コンテンツ。

「インスタストーリー」のインスタ ストーリー(インスタ ストリ)の略。

直訳は「鏡ショット」。Instagramで「#거울샷」と検索すると、鏡越しの自撮りがたくさん出てきます。

どこかを訪れたり、誰かに会ったりしたことを証明するために撮る写真。韓国の若者がよく使う言葉。

41

コンサート・演劇

266	チケット	ティケッ 티켓
267	先行発売	ソンニェメ 선예매
268	一般発売	イrバンニェメ 일반예매
269	購入	クイp 구입
270	延期	ヨンギ 연기
271	中止	チュィソ 취소
272	払い戻し	ファンブr 환불
273	本人確認	ポニン ファギン 본인 확인

「本人認証」の本人 인증（ポニ ニンジュン）もよく使われます。

274	座席	チュアソk 좌석
275	スタンディング席	ステンディンソk 스탠딩석
276	手荷物預かり所	ムrプmボグァンソ 물품보관소
277	物販	コンシk エmディ ブス 공식 MD 부스

直訳は「公式MDブース」。MDは merchandise の略語で「企画商品」という意味で使われています。

278	グッズ	クッチュ 굿즈
279	ペンライト	ペンライトゥ 팬라이트

「応援棒」という意味の응원봉（ウンウォンボン）もよく使われます。

280	スローガン	スrロゴン 슬로건

アイドルへのメッセージなどを印刷した、横長の紙やタオルのこと。

281	売り切れ	メジン 매진

꽃길만 걷자

42

282	コンサート	<ruby>콘서트<rt>コンソトゥ</rt></ruby>
283	単独コンサート	<ruby>단독 콘서트<rt>タンドk コンソトゥ</rt></ruby>
284	合同コンサート	<ruby>합동 콘서트<rt>ハpトン コンソトゥ</rt></ruby>
285	ツアー	<ruby>투어<rt>トゥオ</rt></ruby>
286	ワールドツアー	<ruby>월드투어<rt>ウォrドゥトゥオ</rt></ruby>
287	ソウル公演	<ruby>서울 공연<rt>ソウr ゴンヨン</rt></ruby>
288	日本公演	<ruby>일본 공연<rt>イrボン ゴンヨン</rt></ruby>
289	フェスティバル	<ruby>페스티벌<rt>ペスティボr</rt></ruby>
290	観客	<ruby>관객<rt>クァンゲk</rt></ruby>
291	無観客	<ruby>무관객<rt>ムグァンゲk</rt></ruby>
292	初日	<ruby>첫공<rt>チョッコン</rt></ruby>
293	最終日 (楽日)	<ruby>막공<rt>マkコン</rt></ruby>
294	全通 (全ステ)	<ruby>올콘<rt>オrコン</rt></ruby>
295	セトリ (セットリスト)	<ruby>셋리<rt>センリ</rt></ruby>
296	MC	<ruby>멘트<rt>メントゥ</rt></ruby>
297	アンコール	<ruby>앵콜<rt>エンコr</rt></ruby>
298	演劇	<ruby>연극<rt>ヨングk</rt></ruby>
299	ミュージカル	<ruby>뮤지컬<rt>ミュジコr</rt></ruby>

> オタクのあいだでは、略して단콘（タンコン）と言うことが多いです。

> 同じ事務所に所属するなどの縁があるアーティストが合同で行うコンサート。「SMTOWN LIVE」が有名。

> announcement の ment です。コンサートを始めるときのオプニング멘트（オプニン メントゥ）、最後のクロージング멘트（クrロジン メントゥ）のように使います。

CHAPTER

1

韓国エンタメ必修単語

43

観光・グルメ

300	空港	コンハン 공항
301	航空券	ハンゴンクォン 항공권
302	Wi-Fi	ワイパイ 와이파이
303	(日本)円	エン 엔
304	(韓国)ウォン	ウォン 원
305	両替	ファンジョン 환전
306	コインロッカー	ムrブmボグァナm 물품보관함
307	駅	ヨk 역
308	高速鉄道	コソkチョ-ト 고속철도
309	地下鉄	チハチョr 지하철
310	T-money カード	ティモニ カドゥ 티머니 카드
311	チャージ	チュンジョン 충전
312	バス	ボス 버스
313	タクシー	テkシ 택시
314	ホテル	ホテr 호텔
315	土産物店	キニョmプm ガゲ 기념품 가게

韓国には、KTX（ケイティエ
クス）と呼ばれる、日本の新
幹線のような高速鉄道があ
ります。

バス、地下鉄、タクシーなどで、
最も一般的に使われている交
通系ICカードです。地下鉄の
駅やコンビニで購入できます。

316	コーヒーショップ	コピショp 커피숍
317	食堂	シkタン 식당
318	飲食店	ウmシkチョm 음식점
319	屋台	ポジャンマチャ 포장마차
320	焼肉店	コギッチp 고깃집
321	皿	クルッ 그릇
322	箸	チョッカラk 젓가락
323	スプーン	スッカラk 숟가락
324	チキン	チキン 치킨
325	キムチ	キmチ 김치
326	サムギョプサル	サmギョpサr 삼겹살
327	トッポッキ	ットkポッキ 떡볶이
328	ハットグ	ハットグ 핫도그
329	ホットク	ホットk 호떡
330	インスタント麺	ラミョン 라면
331	美味しい	マシッタ 맛있다
332	甘い	タrダラダ 달달하다
333	辛い	メpタ 맵다

핫도그 — 日本でいうアメリカンドッグのこと。揚げた生地の中に伸びるチーズが入った「チーズハットグ」などが人気。

호떡 — もち粉の生地の中に蜂蜜や砂糖、ナッツなどを入れて焼いた、薄くて丸いおやつ。人気の屋台グルメ。

韓国では라면=「インスタント麺」です。みんな大好きで種類も豊富。日本式のラーメンは라멘(ラメン)といいます。

달다（タrダ）も「甘い」ですが、おいしいときは달달하다を使うことが多いです。

CHAPTER 1 韓国エンタメ必修単語

美容・ファッション

334	スキンケア	スキンケオ 스킨케어
335	洗顔	セス 세수
336	保湿	ボスp 보습
337	メイク	メイクオp 메이크업
338	化粧水	スキン 스킨
339	乳液	ロション 로션
340	美容液	エセンス 에센스
341	クリーム	クリm 크림
342	ファンデーション	パウンデイション 파운데이션
343	アイブロウ	アイブロ 아이브로
344	アイシャドウ	アイシェド 아이섀도
345	アイライナー	アイライノ 아이라이너
346	マスカラ	マスカラ 마스카라
347	チーク	チク 치크
348	リップグロス	リpクrロス 립글로스
349	クレンジング	クrレンジン 클렌징

直訳の洗顔 (セアン) は硬い表現。「洗顔フォーム」はポムクrレンジン (ポムクrレンジン)、「すっぴん」はッセンオr (ッセンオr) といいます。

保湿アイテムは、「乾燥肌」건성 피부(コンソン ピブ)、「敏感肌」민감성 피부 (ミンガmソン ピブ) など、肌のタイプに合わせた製品が多いです。

化粧水は「トナー」(토너/トノ)、乳液は「エマルジョン」(에멀전/エモrジョン)、美容液は「セラム」(세럼/セロm) ということも。

まつげを上げる「ビューラー」は뷰러 (ピュロ)、クマやシミを隠す「コンシーラー」は컨실러(コンシrロ)。

350	黒髪	フ k バ r **흑발**
351	金髪	ク m バ r **금발**
352	茶髪	カ r セン　モリ **갈색 머리**
353	眼鏡	アンギョン **안경**
354	サングラス	ソング r ラス **선글라스**
355	コンタクトレンズ	コンテ k トゥレンジュ **콘택트렌즈**
356	カラーコンタクトレンズ	コ r ロ　コンテ k トゥレンジュ **컬러 콘택트렌즈**
357	キャップ	ケ m　モジャ **캡 모자**
358	シャツ	ショチュ **셔츠**
359	トレーナー	メントゥメン **맨투맨**
360	ジャケット	チャケッ **자켓**
361	スカート	スコトゥ **스커트**
362	パンツ／ズボン	バジ **바지**
363	ワンピース	ウォンピス **원피스**
364	スニーカー	ウンドンファ **운동화**
365	ブーツ	プチュ **부츠**
366	ネイル	ネイ r **네일**
367	アクセサリー	エ k セソリ **액세서리**

日本では「コンタクト」と略しますが、韓国では「レンズ」のレンズと略します。

省略すると컬러 렌즈（コ r ロ レンジュ）。韓国では「カラコン」は通じないので要注意。

「野球帽」の野球 帽子（ヤグ モジャ）ということもあります。

CHAPTER
1
韓国エンタメ必修単語

47

バラエティ番組のテロップ

出演者の発言をテロップにする日本のバラエティ番組と異なり、韓国のバラエティ番組では、出演者の気持ちを「どきどき」「鳥肌」などとテロップで表現するのが特徴。よく見るものを紹介します。

韓国語	意味
뿌듯 (ップドゥッ)	満足
흐뭇 (フムッ)	微笑ましい
흥미진진 (フンミジンジン)	興味津々
반짝반짝 (パンッチャk パンッチャk)	キラキラ
끄덕 (ックドk)	うんうん（うなずく）
두근두근 (トゥグンドゥグン)	どきどき
소름 (ソルm)	鳥肌
당황 (タンファン)	戸惑う、あわてる
덜덜덜 (トrドrドr)	ぶるぶる
움찔 (ウmッチr)	ビクッ
엉엉 (オンオン)	わんわん（泣く）
울컥 (ウrコk)	うるっ（涙）、むかっ（怒る）
충격 (チュンギョk)	ショック
냠냠 (ニャmニャm)	もぐもぐ
쿨쿨 (クrクr)	グーグー（寝息、寝ている様子）
뜬금 (ットゥングm)	いきなり、突然

推しが使うフレーズ

あいさつ・自己紹介をする

推しの個性が表れるあいさつは楽しいですよね。自己紹介によく使われるフレーズを紹介します。

せーの、こんにちは！
○○です。

001

ハナ　ドゥ r セッ　　　アンニョンハセヨ　　　　　　イ m ニダ
하나 둘 셋, 안녕하세요! ○○입니다.

ボーイズグループやガールズグループがステージに登場したときは、「せーの」の合図に始まり、「こんにちは」やグループ独自の決まり文句を言ったあと、グループ名を名乗るのが一般的。하나 둘 셋 (ハナ ドゥ r セッ) は直訳すると「1、2、3」で、日本語でいう「せーの」のように使われます。グループによっては、둘 셋 (トゥ r セッ)「2、3」だったり、셋 넷 (セン ネッ)「3、4」だったりします。

002

○○ (グループ名) の▲▲ (メンバー名) です。

○○의 ▲▲입니다 .
エ   イㇺニダ

メンバーカラーは○○です。

003

멤버 개인 컬러는 ○○입니다.
メㇺボ ケイン コ ㇿロヌン   イㇺニダ

⊙ 「赤色」は빨간색 (ッパㇽガンセ k)、「黄色」は노란색 (ノランセ k)、「緑色」は초록색 (チョロ k セ k)、
「青色」は파란색 (パランセ k)、「紫色」は보라색 (ポラセ k) といいます。

散歩をするのが好きです。

004

산책하는 걸 좋아합니다.
サンチェカヌン ゴㇽ チョアハㇺニダ

休みの日には家でゆっくり過ごします。

005

쉬는 날에는 집에서 느긋하게 지내요.
スィヌン ナレヌン チベソ ヌグタゲ チネヨ

⊙ 「スケジュールのない日」스케줄 없는 날 (スケジュ ㇽ オㇺヌン ナ ㇽ) という表現もよく使います。

好きな食べ物はハヤシライスです。

006

좋아하는 음식은 하이라이스예요.
チョアハヌ ヌㇺシグン ハイライスエヨ

甘いものが苦手です。

007

단 음식을 잘 못 먹어요.
タ ヌㇺシグㇽ チャㇽ モン モゴヨ

練習生を2年間やっていました。

008

2년 동안 연습생 생활을 했어요.
イニョン トンアン ヨンスpセン センファㇽㇽ ヘッソヨ

デビューすることが僕の夢でした。

009

데뷔하는 게 제 꿈이었어요.
テビィハヌン ゲ チェ ックミオッソヨ

CHAPTER

2

推しが使うフレーズ

ファンに愛を伝える

推しが伝えてくれる愛のメッセージは、私たちファンにとって何より嬉しいものです。

愛しています。

010

サランヘヨ
사랑해요.

사랑해요（サランヘヨ）や사랑해（サランヘ）は、韓国にあまりなじみのない人も一度は耳にしたことがあるのではないでしょうか。사랑해요（サランヘヨ）は敬語の「愛しています」、사랑해（サランヘ）はタメロの「愛してる」という意味。推しから言われると、この上なく嬉しい言葉ですよね。

011

ずっと会いたかったです。

_{ケソk ボゴ シボッソヨ}
계속 보고 싶었어요.

(▶) 계속(ケソk)は「ずっと」という意味。보고 싶었어요（ボゴ シボッソヨ）の代わりに만나고 싶었어요（マンナゴ シボッソヨ）もよく使います。

012

いつもみなさんのことを考えています。

_{ヌr ヨロブン センガグr ヘヨ}
늘 여러분 생각을 해요.

013

みなさんに会えてとても幸せです。

_{ヨロブヌr マンナソ チョンマr ヘンボケヨ}
여러분을 만나서 정말 행복해요.

014

これからもっとよい姿を見せられるように頑張ります。

_{アプロ ト チョウン モスp ポヨ ドゥリドロk ノリョカゲッスmニダ}
앞으로 더 좋은 모습 보여 드리도록 노력하겠습니다.

015

どこにも行かないで、僕だけを見ていてほしいです。

_{アム デド カジ マrゴ チョマン パラバ ジュシミョン チョケッソヨ}
아무 데도 가지 말고 저만 바라봐 주시면 좋겠어요.

016

これからもいっしょに、楽しい思い出をたくさんつくりましょう。

_{アプロド ハmッケ チョウン チュオン マニ マンドゥロ ガヨ}
앞으로도 함께 좋은 추억 많이 만들어 가요.

(▶) 추억(チュオk)は「思い出」という意味。좋은 추억（チョウン チュオk）「いい思い出」の形でよく使われます。

017

また会う日まで、元気でいてくださいね。

_{タシ マンナr ナrッカジ コンガンハセヨ}
다시 만날 날까지 건강하세요.

(▶) 다시(タシ)は「再び、また」という意味。同じ意味で또（ット）もよく使います。

018

会場に来られないみなさんも大好きです。

_{コンヨンジャンエ モ ドシン ニョロブンド モドゥ サランハmニダ}
공연장에 못 오신 여러분도 모두 사랑합니다.

推しが韓国語で話すMCを聞き取りたい！ そんな人のために、定番フレーズを紹介します。

コンサートMCで
盛り上げる

みんないっしょに
盛り上がろう！

019

<ruby>多<rt>タ</rt></ruby> <ruby>같이<rt>ガチ</rt></ruby> <ruby>놀자<rt>ノrジャ</rt></ruby>!

다 같이 (タ ガチ) は「みんないっしょに」という意味。놀자 (ノrジャ) の原形は놀다 (ノrダ)「遊ぶ」。これを부르다 (プルダ)「歌う」を原形とする불러 (プrロ) に変えると、다 같이 불러 (タ ガチ プrロ)「みんないっしょに歌おう」というフレーズになります。どちらもよく使われます。

020

準備はいいですか？

チュンビドゥェッソヨ
준비됐어요?

021

行くぞ！

カジャ
가자!

⊙ 가즈아（カジュア）になると、より勢いのある「行くぞー！」というニュアンスに。

022

叫べ！

ソリ　チrロ
소리 질러!

023

もっと大きな声で！

ト　クゲ　ソリ　チrロ
더 크게 소리 질러!

024

もう1回！

ハン ボン ド
한 번 더!

⊙ 한번（ハンボン）は「一回、一度」、더（ト）は「さらに、もっと」という意味。

025

最後の曲です。

マジマk　コギmニダ
마지막 곡입니다.

026

この光景は一生忘れられません。

イ グァンギョン ビョンセン イッチ モタr コッ カタヨ
이 광경 평생 잊지 못할 것 같아요.

027

記念に写真を撮りましょう。

キニョm サジン ッチグrケヨ
기념 사진 찍을게요.

⊙ 公演終了後、アーティストが観客を背に舞台に座り、集合写真を撮るのが最近の定番です。

CHAPTER
2
推しが使うフレーズ

ファンに報告する

推しの報告を理解して、即座に反応できるようになりたいですね。

カムバックしました！

028

コmベケッソヨ
컴백했어요!

K-POPのアーティストが新曲を発表し、番組出演などの活動をすることを컴백（コmベk）「カムバック」といいます。病気や兵役などで活動を休止していたメンバーが戻ってきて、グループ全員でカムバックした場合は、완전체로 컴백했어요！（ワンジョンチェロ コmベケッソヨ）「完全体でカムバックしました！」と報告してくれます。

ミュージックビデオが公開されました。

029

ミュジkビディオガ　コンゲドゥエオッスmニダ
뮤직비디오가 공개되었습니다.

今日は撮影に来ています。

030

オヌルン　チュアリョンハロ　ワッソヨ
오늘은 촬영하러 왔어요.

⊙ 촬영 (チュアリョン)「撮影」の前に、앨범 자켓 (エ r ボm ジャケッ)「アルバムのジャケット」や화보집 (ファボジ p)「写真集」などということが多いです。

今夜インスタライブをやります。

031

オ ヌ r　バメ　インスタ　ラバンハ r ケヨ
오늘 밤에 인스타 라방할게요.

⊙ 라방 (ラバン) は라이브 방송 (ライブ バンソン)「ライブ放送」の略。

1位になりました。

032

イルィ　ヘッソヨ
1위 했어요.

⊙ 1위 (イルィ) の前に、음방 (ウmバン)「音楽番組」や음원 차트 (ウムォン チャトゥ)「音源チャート」などということもあります。

新人賞を受賞しました。

033

シニンサン　パダッソヨ
신인상 받았어요.

⊙「今年の歌手賞」は올해의 가수상 (オレエ カスサン)、「大賞」は대상 (テサン)。

アリーナツアーが決定しました。

034

アリナ　トゥオガ　キョ r チョンドゥエッソヨ
아리나 투어가 결정됐어요.

ドラマに出演します。

035

トゥラマエ　チュリョネヨ
드라마에 출연해요.

24歳になりました。

036

スム r レ　サ r　トゥェッソヨ
스물네 살 됐어요.

⊙ 韓国語で年齢を話すときには固有数詞を使うことが多いです。詳しくはp.177参照。

ファンに質問する

推しがファンにパフォーマンスの感想などを尋ねるときに使うフレーズを紹介します。

みなさん、僕たちに
会いたかったですか？

037

여러분, 저희 보고 싶었어요?

ヨロブン　チョヒ　ポゴ　シポッソヨ

K-POPのアーティストは、長いあいだカムバックを待っていたファンに、ステージ上でこのように尋ねることが多いです。観客のファンが네〜! (ネー) 「はい」と元気よく答えると、アーティストは저희도 보고 싶었어요 (チョヒド ポゴ シポッソヨ) 「僕たちも会いたかったです」などと返してくれます。

038

今夜の放送を見てくれましたか？

_{オヌr パm パンソン ポショッソヨ}
오늘 밤 방송 보셨어요?

039

僕たちのパフォーマンスはどうでしたか？

_{チョヒ ポポモンス オッテッソヨ}
저희 퍼포먼스 어땠어요?

▶ ファンは무대 찢었어요 (ムデッチジョッソヨ)「最高の舞台でした」などと反応します。

040

楽しんでくれましたか？

_{チュrゴウショッソヨ}
즐거우셨어요?

041

緊張しましたが、うまくできていましたか？

_{キンジャンヘンヌンデ クェンチャナッソヨ}
긴장했는데 괜찮았어요?

042

新曲はもう覚えてくれましたか？

_{シンゴk タ ウェウォンナヨ}
신곡 다 외웠나요?

043

みなさんは、どの衣装が好きですか？

_{ヨロブヌン オヌ オシ ト チョアヨ}
여러분은 어느 옷이 더 좋아요?

▶ ファンに意見を尋ねるとき、뭐가 더 좋아요?(ムォガ ト チョアヨ)「どちらが好きですか？」もよく使います。

044

みなさんの好きなパートを教えてください。

_{ヨロブニ チョアハヌン パトゥ アrリョ ジュセヨ}
여러분이 좋아하는 파트 알려 주세요.

045

ちゃんとご飯食べましたか？

_{パp チャr モゴッソヨ}
밥 잘 먹었어요?

▶ 韓国には、相手がちゃんと食事をしたかを尋ねる習慣があります。食事をしたかどうかを本当に知りたいというよりは、あくまで挨拶のような感覚です。

推しが音楽番組の視聴や新曲の
再生をお願いするときのフレーズ
を紹介します。

ファンにお願いする

**たくさんの関心と
愛をお願いします！**

046

マングァンサブ
많관사부!

많은 관심과 사랑 부탁드립니다 (マヌン グァンシmグァ サラン ブタkトゥリmニダ) の頭文字をとってつくられた造語です。アーティストの投稿のハッシュタグによく見られます。많관부 (マングァンブ)「たくさんの関心をお願いします」や많사부 (マンサブ)「たくさんの愛をお願いします」もよく使います。

初めて新曲を披露します。

047

<ruby>処<rt>チョ</rt></ruby>ウムロ　シンゴグr　コンゲハmニダ
처음으로 신곡을 공개합니다.

⏵ SNSの投稿では、最初 公開 (チュェチョ ゴンゲ)「初公開」と書いてある場合が多いです。

一生懸命準備しました。

048

ヨrシミ　チュンビヘッソヨ
열심히 준비했어요.

たくさん期待してください。

049

マニ　キデヘ　ジュセヨ
많이 기대해 주세요.

リアルタイムで見てくださいね。

050

ポンバンサス　ブタkトゥリmニダ
본방사수 부탁드립니다.

⏵ 본방사수 (ポンバンサス) は본방송 (ポンバンソン)「本放送」と사수 (サス)「死守」を組み合わせた造語で、放送をリアルタイムで視聴することを意味します。

お見逃しなく！

051

ノチジ　マセヨ
놓치지 마세요!

いっぱい聞いてください。

052

マニ　トゥロ　ジュセヨ
많이 들어 주세요.

ポイントとなる振付を真似してみてください。

053

ポイントゥ　アンムルr　ッタラヘ　ボセヨ
포인트 안무를 따라해 보세요.

⏵ 포인트 안무 (ポイントゥ アンム) は直訳すると「ポイント振付」。曲を象徴するようなユニークな振付や、ファンが真似しやすい振付などを意味します。

次のステージも楽しみにしてください。

054

タウm　ムデド　マニ　キデヘ　ジュセヨ
다음 무대도 많이 기대해 주세요.

CHAPTER 2 推しが使うフレーズ

ファンに感謝する

推しが伝えてくれる感謝の気持ちに応えて、これからも応援していきましょう。

いつもありがとう。

055

늘 감사합니다.

ヌr カ ム サ ハ ム ニ ダ

「いつも」は늘 (ヌr)、「ありがとう」は감사합니다 (カムサハムニダ)。感謝を伝える表現として最も定番のフレーズですが、よりカジュアルな言い方として、고맙습니다 (コマpスムニダ) や고마워요 (コマウォヨ) もよく使われます。

みなさんのおかげで、デビュー1周年を迎えました。

_{ヨロブン　トkブネ　テビュ　イrチュニョ r　マジヘッスmニダ}
여러분 덕분에 데뷔 1주년을 맞이했습니다.

▶ 주년 (チュニョン) は「周年」という意味。その前に漢数詞をつけて「○周年」を表します。漢数詞について詳しくはp.176参照。

たくさん愛してくれて、ありがとう。

_{マニ　サランヘ　ジュショソ　カmサハmニダ}
많이 사랑해 주셔서 감사합니다.

ここまで支えてくれたすべての方に感謝しています。

_{チグmッカジ　ハンサン　チジヘ　ジュシン　ニョロブン　カmサハmニダ}
지금까지 항상 지지해 주신 여러분 감사합니다.

1位をプレゼントしてくれて、ありがとう。

_{イルィラヌン　ソンムル r　ジュショソ　コマウォヨ}
1위라는 선물을 주셔서 고마워요.

素敵な賞をいただき、光栄です。

_{フ r リュンハン　サンウ r　パッケ　トゥエオ　ヨングァンイmニダ}
훌륭한 상을 받게 되어 영광입니다.

みなさんに恩返しできるように頑張ります。

_{ヨロブネゲ　ボダバ r　ス　イットロk　ト　ノリョカゲッスmニダ}
여러분에게 보답할 수 있도록 더 노력하겠습니다.

これからもみなさんと共に歩いていけたら嬉しいです。

_{アプロド　ヨロブングァ　ハmッケハ r　ス　イッスミョン　チョケッソヨ}
앞으로도 여러분과 함께할 수 있으면 좋겠어요.

これからもたくさんの声援をお願いします。

_{アプロド　マヌン　ソンウォン　ブタ k トゥリmニダ}
앞으로도 많은 성원 부탁드립니다.

アイドルのキャッチフレーズ

個性豊かな K-POP アイドルは、ファンやメディアによってさまざまな呼び方で呼ばれます。代表的なものを紹介します。

비주얼 담당 <small>ビジュオr ダmダン</small>	ビジュアル担当
애교 담당 <small>エギョ ダmダン</small>	愛嬌担当
만찢남 <small>マンッチンナm</small>	漫画を破って出てきた男 （人間離れしたビジュアルの男性）
4 차원 <small>サチャウォン</small>	4次元 （異次元の考え方をする、不思議なキャラクター）
울보 <small>ウrボ</small>	泣き虫
막내 <small>マンネ</small>	末っ子
맏내 <small>マンネ</small>	末っ子のような長男（または長女）
댄싱 머신 <small>テンシン モシン</small>	ダンシングマシーン
동안 <small>トンアン</small>	童顔
패셔니스트 <small>ペショニストゥ</small>	ファッショニスタ
사랑둥이 <small>サランドゥンイ</small>	愛らしい子
갭신갭왕 <small>ケpシンゲpワン</small>	ギャップ神ギャップ王 （普段の姿とステージ上の姿にギャップがある人物）
걸 크러쉬 <small>コr クロスィ</small>	ガールクラッシュ （女性が憧れる、魅力的な女性）
뇌섹남 <small>ヌェセンナm</small>	脳がセクシーな男（インテリ）
파괴왕 <small>パグェワン</small>	破壊王 （すぐにモノを壊してしまう、そそっかしい愛されキャラ）
유교보이, 유교걸 <small>ユギョボイ, ユギョゴr</small>	儒教ボーイ、儒教ガール（保守的なアイドル）

推しに言いたいフレーズ

あいさつ・自己紹介をする

推しとのコミュニケーションは、まずはあいさつから！　これだけでも覚えておくと役立ちますよ。

私はあなたの
ファンです。

064

나는 너의 팬이야.

ナヌン　ノエ　ペニヤ

日本語と同じように、韓国語にも敬語やタメロなど相手に応じた細かい分類があります。アイドルと会話する場合は、親しい友人に話しかけるような感覚で、「私は」は저는（チョヌン）ではなく나는（ナヌン）、「あなた」は당신（タンシン）ではなく너（ノ）といったタメロを使うことが多いです。

こんにちは。

065
アンニョンハセヨ
안녕하세요?

⟨▶⟩ 韓国では「おはよう」「こんにちは」「こんばんは」の違いはありません。パンマル（タメロ）は안녕?（アンニョン）です。

さようなら。

066
アンニョン
안녕 ～

⟨▶⟩ 別れるときはパンマル（タメロ）で軽く「アンニョン～」と言えばOK。

はじめまして。

067
チョウm プェpケッスmニダ
처음 뵙겠습니다.

お久しぶりです。

068
オレンマニエヨ
오랜만이에요.

日本から来ました。

069
イrボネソ　ワッソヨ
일본에서 왔어요.

韓国語を勉強中です。

070
ハングゴ　コンブ　ジュンイエヨ
한국어 공부 중이에요.

デビューのときから応援しています。

071
テブィ　ッテブト　ウンウォネッソヨ
데뷔 때부터 응원했어요.

⟨▶⟩ 「練習生のときから」は연습생 때부터（ヨンスpセン ッテブト）といいます。

○○（作品名）を見て（聞いて）好きになりました。

072
ポゴ　トゥッコ　ペニ　トゥェッソヨ
○○ 보고(듣고) 팬이 됐어요.

愛
を
伝
え
る

ファンミーティングやビデオ通話会の短い数秒間で、推しへの愛を伝えられる表現を集めました。

すごく
会いたかったです。

073

<ruby>너무<rt>ノム</rt></ruby> <ruby>보고<rt>ポゴ</rt></ruby> <ruby>싶었어요<rt>シポッソヨ</rt></ruby>.

動詞の原形の語尾を取って、고 싶다（コ シ p タ）をつけると、「〜したい」と願望を表す表現になります。보다（ポダ）「見る」は、보고 싶다（ポゴ シ p タ）にすると「会いたい」という意味になり、よく使われています。싶다（シ p タ）を싶어요（シポヨ）にすると「〜したいです」、싶었어요（シポッソヨ）にすると「〜したかったです」という意味になります。

68

初めて会いに来ました。

_{チョウm　マンナロ　ワッソヨ}
처음 만나러 왔어요.

こうして会うのは3回目です。

_{イロケ　マンナヌン　ゴン　セ　ボンッチェエヨ}
이렇게 만나는 건 세 번째예요.

お会いできて嬉しいです。

_{マンナr　ス　イッソソ　キッポヨ}
만날 수 있어서 기뻐요.

今日のために仕事 (勉強) 頑張りました。

_{オヌルr　ウィヘソ　ヨrシミ　イr　コンブ　ヘッソヨ}
오늘을 위해서 열심히 일(공부) 했어요.

▶ 일 (イr) は「仕事」、공부 (コンブ) は「勉強」。

好きすぎて死にそうです。

_{ノム　チョアソ　チュグr　コッ　カタヨ}
너무 좋아서 죽을 것 같아요.

▶ 쓰러질 것 같아요 (ッスロジrコッカタヨ)「倒れそうです」もよく使われます。

とても緊張しています。

_{オmチョン　キンジャンヘッソヨ}
엄청 긴장했어요.

写真より実物のほうがもっと素敵です！

_{サジンボダ　シムリ　ト　モッチョヨ}
사진보다 실물이 더 멋져요!

いいにおいがします！

_{チョウン　ネmセガ　ナヨ}
좋은 냄새가 나요!

CHAPTER
3
推しに言いたいフレーズ

074
075
076
077
078
079
080
081

69

カムバックを待っていました。

<ruby>컴<rt>コ m ベグ r</rt></ruby> <ruby>기다리고<rt>キダリゴ</rt></ruby> <ruby>있었어요<rt>イッソッソヨ</rt></ruby>
컴백을 기다리고 있었어요.

新曲、すばらしかったです。

<ruby>신곡<rt>シンゴ</rt></ruby> <ruby>엄청났어요<rt>ゴ m チョンナッソヨ</rt></ruby>
신곡 엄청났어요.

コンサートに行きました。

<ruby>콘서트에<rt>コンソトゥエ</rt></ruby> <ruby>갔어요<rt>カッソヨ</rt></ruby>
콘서트에 갔어요.

最高のパフォーマンスでした。

<ruby>최고의<rt>チュェゴエ</rt></ruby> <ruby>퍼포먼스였어요<rt>ポポモンスヨッソヨ</rt></ruby>
최고의 퍼포먼스였어요.

毎日、○○（相手の名前）の曲を聴いています。

<ruby>매일<rt>メイ r</rt></ruby> ○○ <ruby>노래를<rt>ノレル r</rt></ruby> <ruby>듣고<rt>トゥッコ</rt></ruby> <ruby>있어요<rt>イッソヨ</rt></ruby>
매일 ○○ 노래를 듣고 있어요.

○○（相手の名前）の曲に癒されています。

<ruby>노래에<rt>ノレエ</rt></ruby> <ruby>위로<rt>ウィロ</rt></ruby> <ruby>받고<rt>バッコ</rt></ruby> <ruby>있어요<rt>イッソヨ</rt></ruby>
○○ 노래에 위로 받고 있어요.

「○○の曲でヒーリングしています」の○○ 노래로 힐링하고 있어요（○○ ノレロ ヒ r リンハゴ イッソヨ）もよく使われる表現。

先日のバラエティ番組、面白かったです！

<ruby>지난번<rt>チナンボン</rt></ruby> <ruby>예능<rt>イェヌン</rt></ruby> <ruby>재미있었어요<rt>チェミイッソッソヨ</rt></ruby>
지난번 예능, 재미있었어요!

メンバーの仲の良さにほっこりしました。

<ruby>멤버들<rt>メ m ボドゥ r</rt></ruby> <ruby>사이가<rt>サイガ</rt></ruby> <ruby>좋아서<rt>チョアソ</rt></ruby> <ruby>마음이<rt>マウミ</rt></ruby> <ruby>따뜻해져요<rt>ッタットゥテジョヨ</rt></ruby>
멤버들 사이가 좋아서 마음이 따뜻해져요.

先日のドラマ、とてもよかったです！

チナンボン トゥラマ ノム チョアッソヨ
지난번 드라마, 너무 좋았어요!

演技力に感動しました。

ヨンギリョゲ カmドンヘッソヨ
연기력에 감동했어요.

ハマり役でした。

ク ヨカレ ッタギオッソヨ
그 역할에 딱이었어요.

新しいドラマ、必ず観ます。

セ ドゥラマ ッコk ポrケヨ
새 드라마, 꼭 볼게요.

今日のことは、絶対に忘れません。

オヌルr チョrテ イッチ アヌr コエヨ
오늘을 절대 잊지 않을 거예요.

しばらく会えないなんて、悲しすぎます…。

タンブンガン マンナr ス オpタニ ノム スrポヨ
당분간 만날 수 없다니 너무 슬퍼요...

また会える日を楽しみにしています。

タシ マンナ ラルr キデハゴ イッスrケヨ
다시 만날 날을 기대하고 있을게요.

永遠に愛してるよ。

ヨンウォニ サランヘ
영원히 사랑해.

CHAPTER 3 推しに言いたいフレーズ

▶ 「永遠に」の영원히（ヨンウォニ）はファンとしての熱い気持ちを伝えたいときによく使われる表現です。

ほめる

日々努力する推しのパフォーマンスや演技に、最大限の賛辞を送りたい。それがオタクというもの。

かわいいです！

098

クィヨウォヨ
귀여워요!

귀엽다 (クィヨpタ) を原形とする귀여워요 (クィヨウォヨ) は、雰囲気や行動の愛らしさを意味する言葉です。外見の美しさを表すときは、예쁘다 (イェップダ) を原形とする예뻐요 (イェッポヨ) を使います。元々は女性の美しさを表す表現ですが、推し活の世界では、男性にも使われることがあります。ちなみに、귀엽다 (クィヨpタ) を名詞化した、「かわいい子」という意味の귀요미 (クィヨミ) という言葉もあります。

72

かっこいいです！

099

モシッソヨ
멋있어요!

▶ 同じ意味で멋져요（モッチョヨ）もよく使われます。「イケメンです」は잘생겼어요（チャrセンギョッ
ソヨ）といいます。

笑顔が素敵です！

100

ウンヌ ノrグリ モッチョヨ
웃는 얼굴이 멋져요!

眩しくて見えません。

101

ヌニ ブショソ ボr スガ オpソヨ
눈이 부셔서 볼 수가 없어요.

あまりの美しさに息が止まりそうです。

102

ノム イェッポソ スミ モジュrコッ カタヨ
너무 예뻐서 숨이 멎을 것 같아요.

最近さらにきれいになりましたね。

103

ヨジュmト イェッポジションネヨ
요즘 더 예뻐지셨네요.

どうしてそんなに顔が小さいの？

104

オッチョm クロケ オrグリ チャガヨ
어쩜 그렇게 얼굴이 작아요?

異次元のスタイル。

105

チャウォニ タルン スタイr
차원이 다른 스타일.

新しい髪型、似合ってる！

106

バックン ヘオスタイr チャ ロウrリョヨ
바꾼 헤어스타일 잘 어울려요!

▶ 「髪型」は머리 모양（モリ モヤン）ともいいます。

高音に鳥肌が立ちました。

<small>コウ m ッテ ソル m ドダッソヨ</small>
고음 때 소름 돋았어요.

低音ボイスに鼓膜が溶けます。

<small>チョウメソ コマギ ノガネリョヨ</small>
저음에서 고막이 녹아내려요.

(▶) 魅力的なボイスの男性歌手のことを「鼓膜彼氏」の고막 남친 (コマン ナ m チン) ということもあります。

生歌が安定しています。

<small>ライブガ アンジョンジョギエヨ</small>
라이브가 안정적이에요.

ダンスブレイクに痺れました。

<small>テンブガ ッチャリテッソヨ</small>
댄브가 짜릿했어요.

(▶) 댄브 (テンブ) は댄스 브레이크 (テンス ブレイク) の略です。詳しくはp.23 参照。

ダンスのときの体のラインがきれいです。

<small>チュ m ソニ イェッポヨ</small>
춤선이 예뻐요.

(▶) 춤선 (チュ m ソン) は、踊るときの体のラインのこと。韓国のアイドルオタクのあいだでよく使われる言葉です。

頭のてっぺんからつま先まで完璧です。

<small>モリックップト パ r ックッカジ ワンビョケヨ</small>
머리끝부터 발끝까지 완벽해요

ラップがすごくいいです。

<small>レビ ミチョッソヨ</small>
랩이 미쳤어요.

(▶) 미쳤어요(ミチョッソヨ)の原形미치다(ミチダ)は「狂う」という意味の動詞。「クレイジー」というニュアンスでほめ言葉としても使われます。

作詞センスが光っています。

<small>チャ k サ センスガ ピチュ r パラネヨ</small>
작사 센스가 빛을 발하네요.

表現力が豊かです！

ピョヒョンニョギ　プンブヘヨ
표현력이　풍부해요!

どんなコンセプトもこなせています。

オットン　コンセビドゥン　ソファ　カヌンヘヨ
어떤 컨셉이든 소화 가능해요.

ステージでのギャップにやられました！

ムデエソエ　ケベ ッピョン ガッソヨ
무대에서의 갭에 뿅 갔어요!

▶ 同じ意味の単語の繰り返しですが、「ギャップ＋差」の갭차이（ケpチャイ）と言う人も少なくないです。

表情の変化が魅力的です。

ピョジョン ビョヌァガ　メリョkチョギエヨ
표정 변화가 매력적이에요.

オンニ（オッパ）は私の憧れです。

オンニ　オッパ　ヌン　ネ　ウサンイエヨ
언니(오빠)는 내 우상이에요.

▶ 「憧れ」は우상（ウサン）。「ロマン」の로망（ロマン）に言いかえることもできます。

絶えず努力する姿を尊敬しています。

ックニmpシ　ノリョカヌン　モスブr チョンギョンヘヨ
끊임없이 노력하는 모습을 존경해요.

最高のリーダーです。

チュェゴエ　リドエヨ
최고의 리더예요.

最強のチームワークです。

チュェガンエ　ティムオクエヨ
최강의 팀워크예요.

CHAPTER

3

推しに言いたいフレーズ

115
116
117
118
119
120
121
122

75

質問する

お昼、何食べた？ 仲のいいメンバーは？ 対面でも画面越しでも、推しに会えたら聞いてみたいことがたくさん！

最近ハマっている
ものは何ですか？

123

ヨジュm　ッパジョ　インヌン　ゴン　ムォエヨ

요즘 빠져 있는 건 뭐예요?

요즘 (ヨジュm) は「最近」という意味。요새 (ヨセ) や최근 (チュェグン) もよく使われます。빠져 있는 건 (ッパジョ インヌン ゴン) は「ハマっているものは」、뭐예요 (ムォエヨ) は「何ですか」という意味。「ハマっているものは」の代わりに「興味あるものは」の関心 있는 건 (クァンシ ミンヌン ゴン)、「好きなものは」の좋아하는 건 (チョアハヌン ゴン) も使ってみましょう。

76

今回のアルバムで一番好きな曲は何ですか？

124

_{イボ　ネボメソ　チェイr　チョアハヌン　ゴグン　ムォエヨ}
이번 앨범에서 제일 좋아하는 곡은 뭐예요?

▶ 「好きな」の좋아하는 (チョアハヌン) を「おすすめの」の추천하는 (チュチョナヌン) に変えて使ってみるのもいいでしょう。

好きな歌詞は何ですか？

125

_{チョアハヌン　カサヌン　ムォエヨ}
좋아하는 가사는 뭐예요?

好きな振付は何ですか？

126

_{チョアハヌン　アンムヌン　ムォエヨ}
좋아하는 안무는 뭐예요?

好きな衣装は何ですか？

127

_{チョアハヌン　ウィサンウン　ムォエヨ}
좋아하는 의상은 뭐예요?

最近よく聴く曲は何ですか？

128

_{ヨジュm　チャジュ　トゥンヌン　ノレヌン　ムォエヨ}
요즘 자주 듣는 노래는 뭐예요?

今日のTMIは何ですか？

129

_{オヌレ　ティエマイヌン　ムォエヨ}
오늘의 TMI는 뭐예요?

▶ 「TMI」はToo Much Informationの略で「どうでもいい情報」という意味。p.25でも解説しています。

好きな食べ物は何ですか？

130

_{チョアハヌ　ヌmシギ　ムォエヨ}
좋아하는 음식이 뭐예요?

お昼は何を食べましたか？

131

_{チョmシm　ムォ　モゴッソヨ}
점심 뭐 먹었어요?

▶ 「朝食」は아침 (アチm)、「昼食」は점심 (チョmシm)、「夕食」は저녁 (チョニョk) といいます。

美肌のヒケツは何ですか？

_{ピブガ チョウン ビギョリ ムォエヨ}
피부가 좋은 비결이 뭐예요?

どうしたら○○（相手の名前）みたいにかわいくなれますか？

_{オットケ ハミョン チョロm イェッポジr ス イッソヨ}
어떻게 하면 ○○처럼 예뻐질 수 있어요?

香水は何を使っていますか？

_{ヒャンス ムォ ッソヨ}
향수 뭐 써요?

髪色を変える予定はありますか？

_{モリセk バックr ケフェ ギッソヨ}
머리색 바꿀 계획 있어요?

▶ 「予定」を直訳すると예정（イェジョン）ですが、この文脈では「計画」の계획（ケフェk）を使うことが多いです。

好きな日本語は何ですか？

_{チョアハヌ ニrボノヌン ムォエヨ}
좋아하는 일본어는 뭐예요?

新しく覚えた日本語は何ですか？

_{セロ ウェウ ニrボノヌン ムォエヨ}
새로 외운 일본어는 뭐예요?

日本で行ってみたいところはありますか？

_{イrボネソ カ ボゴ シプン ゴ ディッソヨ}
일본에서 가 보고 싶은 곳 있어요?

日本に来たら何が食べたいですか？

_{イrボネ オミョン ムォスr モkコ シポヨ}
일본에 오면 무엇을 먹고 싶어요?

自分はどの動物に似てると思いますか?

チャシニ オットン トンムrグァ タrマッタゴ センガケヨ
자신이 어떤 동물과 닮았다고 생각해요?

一番仲のいいメンバーは誰ですか?

チェイr チナン メmボヌン ヌグエヨ
제일 친한 멤버는 누구예요?

ユニットを組むなら、誰がいいですか?

ユニスr マンドゥンダミョン ヌガ チョアヨ
유닛을 만든다면 누가 좋아요?

ホテルのルームメイトは誰ですか?

ホテr ルmメヌン ヌグエヨ
호텔 룸메는 누구예요?

▶ 룸메(ルmメ)は「ルームメイト」のルームメイトゥ(ルmメイトゥ)の略。

最近○○(グループ名)内で流行っているものは何ですか?

ヨジュm アネソ ユヘンハヌン ゴン ムォエヨ
요즘 ○○ 안에서 유행하는 건 뭐예요?

ロールモデルはいますか?

ロr モデリ イッソヨ
롤 모델이 있어요?

次はいつ日本に来てくれますか?

タウメヌ ノンジェ イrボネ ワ ジュシr コエヨ
다음에는 언제 일본에 와 주실 거예요?

次の目標は何ですか?

タウm モkピョヌン ムォエヨ
다음 목표는 뭐예요?

▶ ここまで出てきた「何ですか?」の뭐예요?(ムォエヨ)を「ありますか?」の있어요?(イッソヨ)にしても大丈夫です。

リクエストをする

韓国語が通じるか不安なヨントン
も、事前にボードを準備しておけ
ば安心！ 定番からリアコ系ま
で、いろいろな表現を紹介します。

미쿠라고
불러
주세요

○○（自分の名前）って
呼んでください！

148

ラゴ　　ブ r ロ　　ジュセヨ
○○라고 불러 주세요!

要望を伝えるときは、動詞に-아/어 주세요（～ア／オ ジュセヨ）「～（し）てください」をつけます。韓国のファンはアイドルに甘々なお願いをすることに抵抗がなく、堂々とリクエストすることが多いです。アイドルもそこには慣れていて、度が過ぎない場合には喜んで聞いてくれるので、自信を持って話しかけてみましょう！

○○（相手の名前）にお願いがあるんですけど…

149

<small>エゲ　　ブタギ　インヌンデ</small>
○○에게 부탁이 있는데...

（ボードを見せて）これを読んでください！

150

<small>イゴ　イrゴ　ジュセヨ</small>
이거 읽어 주세요!

（ボードを見せて）この質問に答えてください！

151

<small>イ　ジrムネ　テダペ　ジュセヨ</small>
이 질문에 대답해 주세요!

（ボードを見せて）このポーズをしてください！

152

<small>イ　ポジュ　へ　ジュセヨ</small>
이 포즈 해 주세요!

誕生日の歌を歌ってください！

153

<small>センイr　チュカ　ノレ　ブrロ　ジュセヨ</small>
생일 축하 노래 불러 주세요!

「誕生日おめでとう」って言ってください。

154

<small>センイr　チュカへ　ラゴ　マレ　ジュセヨ</small>
"생일 축하해"라고 말해 주세요.

「頑張れ」って言ってください。

155

<small>ヒmネラゴ　マレ　ジュセヨ</small>
힘내라고 말해 주세요.

▶ 「『ファイティン』って言ってください」は파이팅 하라고 말해 주세요（パイティン ハラゴ マレ ジュセヨ）です。

「愛してる」って言ってください。

156

<small>サランハンダゴ　マレ　ジュセヨ</small>
사랑한다고 말해 주세요.

○○（曲名）を歌ってください！

○○ 불러 주세요!
<small>プ ロ　ジュセヨ</small>

カムバックのネタバレを少しだけしてください！

컴백 스포 조금만 해 주세요!
<small>コmベk　スポ　チョグmマン　ヘ　ジュセヨ</small>

メンバーとのエピソードを一つだけ教えてください。

멤버들과의 에피소드 하나만 가르쳐 주세요.
<small>メmボドゥrグアエ　エピソドゥ　ハナマン　カルチョ　ジュセヨ</small>

○○とのケミが好きなので、自撮りをもっとたくさん公開してください！

○○하고의 케미를 좋아하는데, 직찍 더 많이 공개해 주세요!
<small>ハゴエ　ケミルr　チョアハヌンデ　チkッチk　ト　マニ　コンゲヘ　ジュセヨ</small>

愛嬌見せてください！

애교 보여 주세요!
<small>エギョ　ボヨ　ジュセヨ</small>

▶ 애교（エギョ）「愛嬌」は、推し活の世界では、アイドルのかわいらしい表情やポーズを意味する言葉。

一番かわいいポーズを見せてください！

제일 귀여운 포즈 보여 주세요!
<small>チェイr　クィヨウン　ポジュ　ボヨ　ジュセヨ</small>

▶ 「かわいい」の귀여운（クィヨウン）を「セクシーな」の섹시한（セkシハン）、「面白い」の웃긴（ウッキン）に変えることもできます。

胸キュンする言葉を言ってください！

심쿵할 말 해 주세요!
<small>シmクンハr　マr　ヘ　ジュセヨ</small>

▶ 심쿵（シmクン）は「心臓がドキドキ」の心臓が쿵쾅쿵쾅（シmジャンイ クンクァンクンクァン）を略した造語です。

応援メッセージを言ってください！

응원의 말 해 주세요!
<small>ウンウォネ　マr　ヘ　ジュセヨ</small>

頭をなでてください。

_{モリ ッスダドゥモ ジュセヨ}
머리 쓰다듬어 주세요.

▶ ビデオ通話会の場合は「エアで○○してください」と言いたくなりますが、わざわざそう言わなくても通じるケースが多いです。

手をつないでください。

_{ソン チャバ ジュセヨ}
손 잡아 주세요.

ハグしてもらえませんか？

_{アナ ジュシr ス イッソヨ}
안아 주실 수 있어요?

モーニングコールしてください。

_{モニンコr ヘ ジュセヨ}
모닝콜 해 주세요.

今だけ彼氏になってください。

_{チャmシ ナmジャ チングガ トゥェ ジュセヨ}
잠시 남자 친구가 돼 주세요.

結婚してください！

_{キョロネ ジュセヨ}
결혼해 주세요!

私のことを覚えていてほしいです。

_{チョr キオケ ジュォッスミョン チョケッソヨ}
절 기억해 줬으면 좋겠어요.

日本にまた来てください。

_{イrボネ ット ワ ジュセヨ}
일본에 또 와 주세요.

祝う

デビュー、受賞、映画やドラマなどへの出演決定… 推しの喜びはファンの喜び。精一杯お祝いしましょう。

デビュー、
おめでとう！

173

데뷔 축하해!
テブィ チュカヘ

축하하다（チュカハダ）は「祝賀する、祝う」という意味の動詞ですが、これを活用して축하해（チュカヘ）にすると「おめでとう」、축하해요（チュカヘヨ）にすると「おめでとうございます」という表現になります。ネット上では発音のまま表記した추카해、추카해요を使う人も多いです。

1位、おめでとう！

174

イルィ　チュカヘ
1위 축하해!

目標達成、おめでとう！

175

モkピョ タrソン　チュカヘ
목표 달성 축하해!

新人賞受賞、おめでとう！

176

シニンサン スサン　チュカヘ
신인상 수상 축하해!

▶ 「大賞」は대상 (テサン)、「今年の歌手賞」は올해의 가수상 (オレエ カスサン)。

1億回再生、おめでとう！

177

イロkビュ　チュカヘ
1억뷰 축하해!

▶ 「○○回再生」は○○뷰 (ビュ) といいます。英語のviewが由来です。

デビュー5周年、おめでとう！

178

テブィ オジュニョン　チュカヘ
데뷔 5주년 축하해!

映画 (ドラマ) への出演、おめでとう！

179

ヨンファ　トゥラマ　チュリョン　チュカヘ
영화 (드라마) 출연 축하해!

誕生日おめでとう！

180

センイr　チュカヘ
생일 축하해!

▶ 「ハッピーバースデー」は해피 버스데이 (ヘピ ボスデイ)。

高校卒業、おめでとう！

181

コドゥンハkキョ チョロp　チュカヘ
고등학교 졸업 축하해!

▶ 「大学」は대학교 (テハkキョ)、「高校」は고등학교 (コドゥンハkキョ)、「中学校」は중학교 (チュンハkキョ)。

CHAPTER 3 推しに言いたいフレーズ

励ます

推しが試練と戦っているとき、一番の味方である私たちファンができることは、温かく励ますこと。

きっと大丈夫。

182

괜찮을 거야.

クェンチャヌr コヤ

괜찮다（クェンチャンタ）は「問題ない、心配ない」という意味の形容詞。これを活用すると、**괜찮아**（クェンチャナ）「大丈夫」、괜찮아요（クェンチャナヨ）「大丈夫です」のように、人を励ます表現になります。**거야**（コヤ）は「〜だろう」という意味で、不確かな未来を推測するときに使います。

私たちがそばにいるよ。

_{ウリドゥリ　ヨペ　イッスrケ}
우리들이 옆에 있을게.

▶ 「そばに」の옆に (ヨペ) は곁에 (キョテ) ともいいます。곁에は歌詞によく使われる言葉です。

自分を責めないでね。

_{チャチェカジ　マ}
자책하지 마.

1人で苦しまないでね。

_{ホンジャ　ヒmドゥロハジ　マ}
혼자 힘들어하지 마.

▶ 「苦しい、つらい、大変だ」などはすべて힘들다 (ヒmドゥrダ) で表すことができます。

メンバーを頼ってね。

_{メmボドゥレゲ　ウィジヘ　ブァ}
멤버들에게 의지해 봐.

ファンはいつもあなたの味方だよ。

_{ペヌン　オンジェナ　ネ　ピョニヤ}
팬은 언제나 네 편이야.

▶ 「君、あなた」は本来네 (ネ) ですが、니 (ニ) と言ったり書いたりする人が多いです。

私たちがあなたの居場所を守るよ。

_{ウリドゥリ　ノエ　チャリルr　チキrケ}
우리들이 너의 자리를 지킬게.

いつまでも待ち続けるよ。

_{オンジェッカジナ　ケソk　キダリrr　コヤ}
언제까지나 계속 기다릴 거야.

いつもあなたの幸せを願っているよ。

_{オンジェナ　ノエ　ヘンボグr　ビrゴ　イッソ}
언제나 너의 행복을 빌고 있어.

感謝する

推しのおかげで人生楽しい！ 同じ時代に生きててよかったー！ 溢れる感謝の気持ちを伝えましょう。

生まれてきてくれて
ありがとう。

191

テオナ　ジュオソ　コマウォ
태어나 줘서 고마워.

感謝を伝える言葉は감사합니다（カmサハmニダ）と고마워요（コマウォヨ）の二つが定番。감사합니다は直訳すると「感謝します」という意味で、かしこまった場面で使う表現です。一方、고마워요は親しい間柄やカジュアルな場面で使う表現で、고마워（コマウォ）にするとタメ口になります。アイドルに対して親しみを込めて使うには、後者のほうがいいでしょう。

88

同じ時代を生きることができて幸せです。

トンシデルr サラガr ス イッソソ ヘンボケヨ
동시대를 살아갈 수 있어서 행복해요.

192

○○（相手の名前）のおかげで世界一幸せなオタクです。

トkブネ セサンエソ チェイr ヘンボカン トクエヨ
○○ 덕분에 세상에서 제일 행복한 덕후예요.

193

▶ 덕(トk)「オタク」について、詳しくはp.13で解説しています。

デビューしてくれてありがとう。

テビヘ ジュォソ コマウォ
데뷔해 줘서 고마워.

194

苦しい時期を乗り越えてくれてありがとう。

ヒmドゥン シギルr イギョネ ジュォソ コマウォ
힘든 시기를 이겨내 줘서 고마워.

195

最高のステージをありがとう！

チェゴエ ムデ コマウォ
최고의 무대 고마워!

196

（ヨントンで）幸せな時間をありがとう♡

ヘンボカン シガヌr マンドゥロ ジュォソ コマウォ
행복한 시간을 만들어 줘서 고마워♡

197

▶ 「楽しい時間」は즐거운 시간（チュrゴウン シガン）、「忘れられない時間」は잊지 못할 시간（イッチ モタr シガン）。

写真アップありがと〜！

サジン オrリョ ジュォソ コマウォ
사진 올려 줘서 고마워~!

198

日本に来てくれてありがとう。

イrボネ ワ ジュォソ コマウォ
일본에 와 줘서 고마워.

199

応援する・体調を気遣う

おいしいご飯をたくさん食べて、温かい布団でゆっくり休んでほしい… すべてのオタクの切なる願いです。

花道だけを歩こうね。

200

꽃길만 걷자.
ッコッキrマン コッチャ

「花でいっぱいの道だけを歩こうね」という意味。アイドルが厳しい練習生時代や熾烈なオーディションを経てデビューするとき、また、根拠のないスキャンダルやアンチからの攻撃に悩んでいるときに、「これから先の人生は、いいことだけがありますように」という願いを込めて、ファンがよく使う表現です。

最近ちゃんと休めていますか？

ヨジュm チャr スィゴ イッソヨ
요즘 잘 쉬고 있어요?

おいしいご飯をたくさん食べてね。

マシンヌン ゴ マニ モゴヨ
맛있는 거 많이 먹어요.

▶ 먹어요 (モゴヨ) を「召し上がってください」の드세요 (トゥセヨ) に言いかえることもできます。

暖かくしてゆっくり寝てね。

ッタットゥタゲ ハゴ プk チャr ジャ
따뜻하게 하고 푹 잘 자.

▶ 愛を込めた「おやすみ」の定番メッセージです。アイドルにも友だちにも使えるフレーズです。

いい夢見てね。

チョウン ックm ックォ
좋은 꿈 꿔.

ツアー中はケガに気をつけてね。

トゥオ ジュンエ プサン チョシメヨ
투어 중에 부상 조심해요.

忙しいと思うけど、体調に気をつけてね。

パップゲッチマン モmジョシメヨ
바쁘겠지만 몸조심해요.

無理しないでね。

ムリハジ マ
무리하지 마.

ずっと応援しています。

オンジェナ ウンウォナゴ イッソヨ
언제나 응원하고 있어요.

ファンレターの書き方 ①

アイドル・アーティスト編

❶ 愛する○○へ

❷ こんにちは。初めて手紙を書きます。

❸ 私は日本のファンの▲▲といいます。

❹ 2013年のデビューのときから、○○を応援しています。

❺ つらいことがあったとき、○○の歌声を聞くと元気が出ます。

❻ ○○がリーダーとしてグループを引っ張っているおかげで、

❼ カムバックのたびにパフォーマンスのレベルが上がっていると

感じます。

❽ 誰よりも努力をし、いつもファンを笑顔にしてくれる

○○が大好きです。

❾ 新曲のプロモーションで忙しいと思いますが、

❿ どうか体に気をつけてくださいね。

⓫ 日本でのコンサートを楽しみにしています。

⓬　　　　　　　　　　　　　　　　　　　　　　　▲▲より

好きになったきっかけやパフォーマンスの魅力につい
て書きましょう。体を労るフレーズも忘れずに。

❶ サランハヌン エ ゲ
사랑하는 ○○에게

❷ アンニョンハセヨ チョウムロ ピョンジルr ッソヨ
안녕하세요? 처음으로 편지를 써요.

❸ チョヌン イrボンペン ラゴ イラゴ ヘヨ
저는 일본팬 ▲▲라고 / 이라고 해요.

❹ イチョンシpサムニョネ テブィヘッスr ッテブト ルr ウr ウンウォナゴ イッソヨ
2013년에 데뷔했을 때부터 ○○를 / 을 응원하고 있어요.

❺ ヒmドゥン ニリ イッスrッテ エ ノレルr トゥルミョン ヒミ ナヨ
힘든 일이 있을 때, ○○의 노래를 들으면 힘이 나요.

❻ ガ イ リドロソ クルブr イックロ ジュヌン トkブネ
○○가 / 이 리더로서 그룹을 이끌어 주는 덕분에

❼ コmベk ッテマダ ポポモンスエ レベリ オrラガヌン ゴr ヌッキョヨ
컴백 때마다 퍼포먼스의 레벨이 올라가는 걸 느껴요.

❽ ヌグボダド ノリョグr ハゴ オンジェナ ペヌ ウッケ ヘ ジュヌン
누구보다도 노력을 하고 언제나 팬을 웃게 해 주는

ガ イ ノム チョアヨ
○○가 / 이 너무 좋아요.

❾ シンゴk プロモショヌロ パッブゲッチマン
신곡 프로모션으로 바쁘겠지만

❿ モm コンガンハゲ チネセヨ
몸 건강하게 지내세요.

⓫ イrボン コンソトゥ キデハゴ イッスrケヨ
일본 콘서트 기대하고 있을게요.

⓬ ガ イ
▲▲가 / 이

ATTENTION

韓国語の助詞は、前にくる言葉が母音で終わる(パッ
チムがない)場合と、子音で終わる(パッチムがある)
場合で異なります。「~と」라고 / 이라고、「~を」
를 / 을、「~が」가 / 이など。自分や相手の名前に応
じて、助詞を使いわけましょう。

ファンレターの書き方 ②

俳優編

❶ 私たちの○○へ

❷ こんにちは。私は日本のファンの▲▲といいます。

❸ ドラマ「彼と彼女の物語」を見て、○○のファンになりました。

❹ それ以来、○○が出演する作品を欠かさず観ています。

❺ コメディからシリアスな作品まで、

❻ 多彩な役柄を演じ分ける演技力がすばらしいです。

❼ ドラマ「夢にかける橋」では、

主人公が努力する姿に勇気をもらいました。

❽ 特に「努力すれば夢は叶う」というセリフに感動しました。

❾ 新しい映画の公開も楽しみです。

❿ アクションシーンの撮影では、

けがのないようにしてくださいね。

⓫ これからも応援しています。

⓬ ▲▲より

映画やドラマなどの感想を書きましょう。心を動かさ
れたシーンやセリフを挙げるのもいいかもしれません。

❶ 우리 ○○에게
ウリ エゲ

❷ 안녕하세요 ? 저 는 일본 팬 ▲▲라고 / 이라고 해요 .
アンニョハセヨ チョヌン イr ボンペン ラゴ イラゴ

❸ 드라마 '그와 그녀의 이야기'를 보고 ○○의 팬이 되었어요 .
トゥラマ クワ クニョエ イヤギr r ポゴ エ ペニ トゥエオッソヨ

❹ 그 이후 ○○가 / 이 출연하는 작품을 빼놓지 않고 보고 있어요 .
ク イフ ガ イ チュリョナヌン チャk プムr ッペノチ アンコ ポゴ イッソヨ

❺ 코미디부터 무거운 내용의 작품 까지
コミディブト ムゴウン ネヨンエ チャk プmッカジ

❻ 다양한 배역을 소화해 내는 연기력이 정말 대단해요 .
タヤンハン ペヨグr ソファヘ ネヌン ヨンギリョギ チョンマr テダネヨ

❼ 드라마 '꿈에 놓은 다리'에서는
トゥラマ ックメ ノウン タリエソヌン

주인공이 노력하는 모습에 용기를 얻었어요 .
チュインゴンイ ノリョカヌン モスベ ヨンギルr オドッソヨ

❽ 특히 '노력하면 꿈 은 이루어진다'라는 대사에 감동했어요 .
トゥキ ノリョカミョン ックムン イルオジンダラヌン テサエ カmドンヘッソヨ

❾ 새 영화 개봉도 기대돼요 .
セ ヨンファ ケボンド キデドゥェヨ

❿ 액션신 촬영할 때
エkションシン チュリョンハr ッテ

다치지 않게 조심하세요 .
タチジ アンケ チョシマセヨ

⓫ 계속 응원할게요 .
ケソk ウンウォナr ケヨ

⓬ ▲▲가 / 이
ガ イ

ATTENTION

韓国語の助詞は、前にくる言葉が母音で終わる（パッ
チムがない）場合と、子音で終わる（パッチムがある）
場合で異なります。「〜と」라고 / 이라고、「〜を」
를 / 을、「〜が」가 / 이など。自分や相手の名前に応
じて、助詞を使いわけましょう。

コンサートで使える掛け声

日本語で MC やあいさつをしてくれると親しみを感じるように、相手の言語を覚える姿勢は、それだけで愛を伝えられるもの。せっかくなら韓国語で言ってみて!

クィヨウォ
귀여워!　　　　　　　かわいい!

モシッソ
멋있어!　　　　　　　かっこいい!

サランヘ
사랑해!　　　　　　　愛してる!

ヨギ　ブァ　ジュオ
여기 봐 줘!　　　　　こっち見て!

ソン　フンドゥロ　ジュオ
손 흔들어 줘!　　　　手を振って!

ソ　ナトゥ　ヘ　ジュオ
손 하트 해 줘!　　　　指ハートして!
（人差し指と親指をクロスするポーズ）

ボ　ラトゥ　ヘ　ジュオ
볼 하트 해 줘!　　　　頬ハートして!
（両手を丸めて両頬の横にくっつけたポーズ）

バンッチョ　カトゥ　ヘ　ジュオ
반쪽 하트 해 줘!　　　半分ハートして!
（片手を丸めて片頬の横にくっつけたポーズ）

ウィンクヘ　ジュオ
윙크해 줘!　　　　　　ウインクして!

カジ　マ
가지 마!　　　　　　　行かないで!

CHAPTER

4章

オタ友との交流に使えるフレーズ

推しの魅力を語り合う

尊さのあまり言葉が出てこないこともあるけれど、あらん限りの語彙力を尽くして、オタク同士で推しの魅力を語り合いましょう。

語彙力の限界。

209

어휘력의 한계.

<ruby>어휘력<rt>オフィリョゲ</rt></ruby> <ruby>한계<rt>ハンゲ</rt></ruby>

推しのすばらしさを前に思考が止まってしまうのは、韓国のオタクも同じこと。「語彙力」は어휘력（オフィリョk）といい、「限界」한계（ハンゲ）、「不足」부족（プジョk）、「喪失」상실（サンシr）とあわせてよく使われます。

アイドルの中のアイドル！

210
_{アイドr ジュンエ アイドr}
아이돌 중의 아이돌!

ファンサの神。

211
_{ペン ソビス カp}
팬 서비스 갑.

▶ 韓国で元々「神」は신（シン）といいますが、ある野球ファンが「申」と間違い、さらに「甲」の갑（カp）となって、広く使われるようになりました。

プロ意識が高い。

212
_{プロ ウィシギ ットゥィオナダ}
프로 의식이 뛰어나다.

いつでも礼儀正しい。

213
_{オンジェナ イェイ バルダ}
언제나 예의 바르다.

▶ 「マナーがいい」は매너가 좋다（メノガ チョタ）。「マナーがいい男性」を매너남（メノナm）といいます。

圧倒的カリスマ。

214
_{アpトジョk カリスマ}
압도적 카리스마.

ステージに上がると人格変わる。

215
_{ムデエ オルミョン ッタンサラミ トゥェンダ}
무대에 오르면 딴사람이 된다.

▶ 무대（ムデ）を漢字で書くと「舞台」。

ステージ職人。

216
_{ムデ ジャンイン}
무대 장인.

▶ 장인（チャンイン）を漢字で書くと「匠人」。何かにすぐれている人をほめるときに○○ 장인「○○職人」のように使います。

音源強者。

217
_{ウムオン ガンジャ}
음원 강자.

▶ 音源チャートで1位を獲り続けるなどの好成績を収めるアーティストを、韓国ではこのように呼びます。

待って無理しんどい。

218

ナ　チュゴ
나 죽어.

直訳すると「私、死ぬ」。韓国では、日本語の「待って無理しんどい」と非常によく似た場面やニュアンスで使われます。

思考停止。

219

サゴ　ジョンジ
사고 정지.

「思考回路停止」の사고 회로 정지 (サゴ フェロ ジョンジ)、「脳停止」の뇌정지 (ヌェ ジョンジ) もよく使います。

狂おしいほどのかわいさ。

220

ミチン　グィヨウm
미친 귀여움.

미친 (ミチン) は「狂った」という意味で、미친 미모 (ミチン ミモ)「クレイジーな美貌」のように、ほめ言葉としても使います。

かわいすぎて倒れる。

221

ノm　クィヨウォソ　チョrト
넘 귀여워서 졸도.

졸도 (チョrト) は直訳すると「卒倒」。「気絶」の기절 (キジョr) もよく使います。

心臓を射抜かれた。

222

シmジャン　クァントンダンヘッタ
심장 관통당했다.

愛おしい。

223

サランスロウォ
사랑스러워.

何だ、このかわいい生きものは!!!

224

ムォヤ　イ　グィヨウン　センムルン
뭐야, 이 귀여운 생물은!!!

アイドルになるために生まれてきた天使。

225

アイドリ　トゥェリョゴ　テオナン　チョンサ
아이돌이 되려고 태어난 천사.

100

末っ子のポテンシャルがすごい！

226
マンネ　ポテン　トジンダ
막내 포텐 터진다!

⊙ 韓国では「ポテンシャル」の포텐셜（ポテンショr）を포텐（ポテン）と略すことが多いです。

ただただ天才赤ちゃん…♡

227
クジョ　カッキ
그저 갓기...♡

⊙ 갓기（カッキ）は、英語で「神」を意味するgodと、ハングルで「赤ちゃん」を意味する아기（アギ）を組み合わせた言葉。「幼い天才」を表します。

愛嬌ありすぎ。

228
エギョガ　フ r ロ ノ mチンダ
애교가 흘러넘친다.

⊙ 原形흘러넘치다（フ r ロ ノ mチダ）は「溢れ出す、こぼれおちる」という意味。

赤ちゃんみたい。

229
アギ　ガッタ
아기 같다.

⊙ 「赤ちゃん」の標準語は아기（アギ）ですが、方言由来の애기（エギ）ということも多いです。

私だけ知っていたい。

230
ナマ　ナrゴ　シpタ
나만 알고 싶다.

⊙ 有名になってほしくない、自分だけがその魅力を知っていたい、という意味。

守ってあげたい。

231
チキョ　ジュゴ　シpタ
지켜 주고 싶다.

一生養いたい。

232
ビョンセン　トゥィッパラジハゴ　シpタ
평생 뒷바라지하고 싶다.

⊙ 뒷바라지（トゥィッパラジ）は「面倒を見る、世話をする」という意味。

今日も推しのために働く。

233
オヌrド　チュエエルr　ウィヘ　イランダ
오늘도 최애를 위해 일한다.

顔の天才。

234

オrグr チョンジェ
얼굴 천재.

🔊 「顔」の代わりに「表情」の표정 (ピョジョン)、「ステージ」の무대 (ムデ)、「アドリブ」の애드립 (エドゥリp) なども使えます。

目の保養。

235

ヌ ノガン
눈 호강.

🔊 호강 (ホガン) は元々「贅沢に暮らすこと」を表しますが、눈 (ヌン)「目」や귀 (クィ)「耳」につけると「保養」という意味に。

もはや彫刻。

236

チョガkサン ク ジャチェ
조각상 그 자체.

🔊 直訳すると「彫刻像それ自体」。「自体」を意味する자체 (チャチェ) と発音が似ていることから、韓国料理「チャプチェ」の잡채 (チャpチェ) を使うことも。

ビジュアルヤクザ。

237

ビジュオr ッカンペ
비주얼 깡패.

🔊 깡패 (ッカンペ) は元々「ヤクザ」を表す言葉ですが、前に名詞をつけるとそれに秀でているという意味になり、ほめ言葉として使われます。음색 깡패 (ウmセk ッカンペ)「声色ヤクザ」などもあります。

妖艶な美しさに魅了されてる。

238

ヨヨマン アルmダウメ メリョドゥェンダ
요염한 아름다움에 매료된다.

女神じゃん。

239

ヨシ ナニヤ
여신 아니야?

花のようなイケメン。

240

ッコンミナm
꽃미남.

🔊 미남 (ミナm) は漢字で書くと「美男」。꽃 (ッコッ)「花」をつけると「花のような美男子」という意味に。「クール系イケメン」は냉미남 (ネンミナm)。

全員ビジュ担当!

241

チョヌォン ビジュオr ダmダン
전원 비주얼 담당!

これ、マジで彼氏感強めの写真!

242
イゴ　ワンジョン　Nㅏmチンッチャr
이거 완전 남친짤!

▶ 남친짤 (Nㅏmチンッチャr) は「彼氏感のある写真」、여친짤 (ヨチンッチャr) は「彼女感のある写真」。

そういうとこ好きだぞ!

243
クロン　ノルr　チョアヘ
그런 너를 좋아해!

リアコすぎてつらい。

244
ッチン　サランイラ　クェロpタ
찐 사랑이라 괴롭다.

▶ 찐 (ッチン) は진짜 (チンッチャ) からできた新しい言葉で、名詞の前につけて「本物の、本当の」という意味で使います。

結婚したい。

245
キョロナゴ　シpタ
결혼하고 싶다.

整理券もらって列に並んでください。

246
ボノピョ　ッポpコ　チュr　ソセヨ
번호표 뽑고 줄 서세요.

▶ 韓国のファンのあいだでは「推しと結婚したい」と言う人に対して、結婚待機列に並ぶことを促すノリが定番。「並んでください」줄 서세요 (チュr ソセヨ) だけでもよく使われます。

好きすぎて死ぬ… いい人生だった…

247
ッシpㅌkサ　チョウ　ニンセンイオッタ
씹덕사... 좋은 인생이었다...

▶ 씹덕사 (ッシpㅌkサ) は、何かが好きすぎて死にそうな状態を表した、ネット発の造語。

メンバー同士仲良くて微笑ましい。

248
メmボドゥr　サイガ　チョアソ　フヌナダ
멤버들 사이가 좋아서 훈훈하다.

▶ 훈훈하다 (フヌナダ) は「心温まる」という意味。

間違いなくお笑いキャラ!

249
ファkシネ　ケグケ
확신의 개그캐!

▶ 확신의 (ファkシネ)「間違いなく」は韓国の若者がよく使う表現。개그캐 (ケグケ) は「ギャグキャラ」という意味。「人を笑わせる能力を持って生まれた人」という意味の웃수저 (ウッスジョ) に変えて使うこともできます。

作品の感想を語り合う

MVにドラマに映画… 私たちに感動を与えてくれるコンテンツに、最大限の愛と感謝を。

新曲が最高!

250

シンゴk チュェゴ
신곡 최고!

최고 (チュェゴ) は漢字で書くと「最高」。「すごい、やばい」というニュアンスで、何かを絶賛するときによく使います。韓国の若者のあいだでは、짱 (ッチャン)、쩔어 (ッチョロ)、쩐다 (ッチョンダ) なども同じように使うので、覚えておくといいでしょう。

104

ティーザーだけで優勝してる。

251

ティジョブト ックンナッタ
티저부터 끝났다.

▶ 끝났다 (ックンナッタ) は直訳すると「終わった」。これ以上ないほどにすばらしいというニュアンスでも使えます。

大ヒット確実。

252

テバ クァkシr
대박 확실.

▶ 「大ヒット」を意味する대박 (テバk) は、「やばい、すごい」という意味の形容詞としても使われることが多いです。

サビの中毒性が半端ない。

253

フリョm チュンドkソン チャンナ ナニダ
후렴 중독성 장난 아니다.

▶ 후렴 (フリョm) は「サビ」、중독성 (チュンドkソン) は「中毒性」。장난 아니다 (チャンナ ナニダ) は「半端ない、やばい」という意味。

神曲なので無限リピートしてる。

254

カッコギラソ ムハン ジェセン ジュン
갓곡이라서 무한 재생 중.

▶ 갓곡 (カッコk) は「神曲」という意味。갓 (カッ) は英語で「神」を意味するgodのハングル表記。

名曲中の名曲。

255

ッティンゴ ゴブ ッティンゴk
띵곡 오브 띵곡.

▶ 「名曲」명곡 (ミョンゴk) の1文字目名と띵の形が似ていることから、띵곡 (ッティンゴk) という造語が若者のあいだで使われるようになりました。

声に酔いしれた。

256

モkソリエ チュィヘッソヨ
목소리에 취했어요.

歌詞に感動した。

257

カサエ カmドンヘッタ
가사에 감동했다.

▶ 감동했다 (カmドンヘッタ) は「感動した」という意味。

振付がかっこいい！

258

アンム モシッタ
안무 멋있다!

MVがエモい。

259

뮤비 감성 터진다.

（ミュビ カmソン トジンダ）

▶ 감성 터진다（カmソン トジンダ）は直訳すると「感性が爆発する」。感情があふれるときに使います。

スクショが止まらない。

260

미친 듯이 캡쳐.

（ミチン ドゥシ ケpチョ）

▶ 夢中になって何かをするとき「狂ったように」の미친 듯이（ミチン ドゥシ）を使います。

衣装もセットもカメラワークも好き！

261

의상도 세트도 카메라 워크도 다 좋아!

（ウィサンド セトゥド カメラ ウォクド タ チョア）

ダンスの成長やばすぎて泣く。

262

춤 실력 너무 늘어서 눈물 난다.

（チュm シrリョン ノム ヌロソ ヌンムr ランダ）

キレッキレのダンスが揃ってる。

263

칼군무가 딱딱 맞다.

（カrグンムガ ッタkッタン マッタ）

練習量が伝わる。

264

연습량이 느껴진다.

（ヨンスmニャンイ ヌッキョジンダ）

一度沼に落ちたら抜け出せない。

265

한번 빠지면 헤어나올 수 없지.

（ハンボン ッパジミョン ヘオナオr ス オpチ）

心臓が止まるので注意！

266

심멎주의!

（シンモッチュイ）

▶ 심장이 멎는 것에 주의（シmジャンイ モンヌン ゴセ チュイ）の略。推しのかっこよすぎる動画や写真に対して、ファンがこのように表現することがあります。

15周年記念カムバは胸アツすぎる。

267

<ruby>시<rt>シ</rt></ruby><ruby>보<rt>ボ</rt></ruby><ruby>주<rt>ジュ</rt></ruby><ruby>년<rt>ニョン</rt></ruby> <ruby>기<rt>キ</rt></ruby><ruby>념<rt>ニョm</rt></ruby> <ruby>컴<rt>コm</rt></ruby><ruby>백<rt>ベ</rt></ruby><ruby>이<rt>ギ</rt></ruby><ruby>라<rt>ラ</rt></ruby><ruby>니<rt>ニ</rt></ruby> <ruby>가<rt>カ</rt></ruby><ruby>슴<rt>スミ</rt></ruby> <ruby>웅<rt>ウン</rt></ruby><ruby>장<rt>ジャン</rt></ruby><ruby>해<rt>ヘ</rt></ruby><ruby>진<rt>ジン</rt></ruby><ruby>다<rt>ダ</rt></ruby>
15주년 기념 컴백이라니 가슴이 웅장해진다.

▶ 가슴이 웅장해진다 (カスミ ウンジャンヘジンダ) は直訳すると「胸が壮大になる」。胸が高鳴ることを表します。

伝説的なアイドルだった。

268

<ruby>레<rt>レ</rt></ruby><ruby>전<rt>ジョン</rt></ruby><ruby>드<rt>ドゥ</rt></ruby> <ruby>아<rt>ア</rt></ruby><ruby>이<rt>イ</rt></ruby><ruby>돌<rt>ドr</rt></ruby><ruby>이<rt>リ</rt></ruby><ruby>었<rt>オッ</rt></ruby><ruby>어<rt>ソ</rt></ruby>
레전드 아이돌이었어.

▶ 「伝説的な」は直訳すると전설적인 (チョンソrチョギン) ですが、英語legendのハングル表記である레전드 (レジョンドゥ) のほうが最近はよく使われます。

私たちの青春。

269

<ruby>우<rt>ウ</rt></ruby><ruby>리<rt>リ</rt></ruby><ruby>들<rt>ドゥレ</rt></ruby><ruby>의<rt></rt></ruby> <ruby>청<rt>チョン</rt></ruby><ruby>춘<rt>チュン</rt></ruby>
우리들의 청춘.

今年の新人アイドルグループは豊作だ。

270

<ruby>올<rt>オ</rt></ruby><ruby>해<rt>レ</rt></ruby><ruby>는<rt>ヌン</rt></ruby> <ruby>신<rt>シ</rt></ruby><ruby>인<rt>ニ</rt></ruby> <ruby>아<rt>ア</rt></ruby><ruby>이<rt>イ</rt></ruby><ruby>돌<rt>ナイドr</rt></ruby> <ruby>그<rt>グ</rt></ruby><ruby>룹<rt>ルビ</rt></ruby> <ruby>풍<rt>プン</rt></ruby><ruby>년<rt>ニョ</rt></ruby><ruby>이<rt>ニ</rt></ruby><ruby>다<rt>ダ</rt></ruby>
올해는 신인 아이돌 그룹이 풍년이다.

▶ 「新人女性アイドル」は신인 여돌 (シニン ニョドr)、「新人男性アイドル」は신인 남돌 (シニン ナmドr)。

久々の再会で同じステージに立っているのはエモい。

271

<ruby>오<rt>オ</rt></ruby><ruby>랜<rt>レン</rt></ruby><ruby>만<rt>マネ</rt></ruby><ruby>에<rt></rt></ruby> <ruby>만<rt>マン</rt></ruby><ruby>나<rt>ナ</rt></ruby> <ruby>같<rt>カ</rt></ruby><ruby>은<rt>トゥン</rt></ruby> <ruby>무<rt>ム</rt></ruby><ruby>대<rt>デ</rt></ruby><ruby>에<rt>エ</rt></ruby> <ruby>선<rt>ソン</rt></ruby> <ruby>걸<rt>ゴr</rt></ruby> <ruby>보<rt>ボ</rt></ruby><ruby>니<rt>ニ</rt></ruby> <ruby>벅<rt>ポk</rt></ruby><ruby>차<rt>チャ</rt></ruby><ruby>오<rt>オ</rt></ruby><ruby>른<rt>ルン</rt></ruby><ruby>다<rt>ダ</rt></ruby>
오랜만에 만나 같은 무대에 선 걸 보니 벅차오른다.

▶ 原形벅차오르다 (ポkチャオルダ) は感動や喜びで胸がいっぱいになることを意味します。

豪華なコラボだった。

272

<ruby>특<rt>トゥ</rt></ruby><ruby>급<rt>kクp</rt></ruby> <ruby>콜<rt>コ</rt></ruby><ruby>라<rt>rラ</rt></ruby><ruby>보<rt>ボ</rt></ruby><ruby>였<rt>ヨッ</rt></ruby><ruby>다<rt>タ</rt></ruby>
특급 콜라보였다.

▶ 특급 (トゥkクp) は漢字で書くと「特級」。「豪華な、スペシャルな」という意味で使います。

この組み合わせは私得でしかない！

273

<ruby>이<rt>イ</rt></ruby> <ruby>조<rt>ジョ</rt></ruby><ruby>합<rt>ハブ</rt></ruby><ruby>은<rt>ン</rt></ruby> <ruby>날<rt>ナr</rt></ruby> <ruby>위<rt>ウィ</rt></ruby><ruby>한<rt>ハン</rt></ruby> <ruby>거<rt>ゴ</rt></ruby><ruby>야<rt>ヤ</rt></ruby>
이 조합은 날 위한 거야!

制服風のコーデがかわいい！

274

<ruby>교<rt>キョ</rt></ruby><ruby>복<rt>ボk</rt></ruby> <ruby>스<rt>ス</rt></ruby><ruby>타<rt>タ</rt></ruby><ruby>일<rt>イr</rt></ruby> <ruby>코<rt>コ</rt></ruby><ruby>디<rt>ディ</rt></ruby> <ruby>귀<rt>クィ</rt></ruby><ruby>엽<rt>ヨp</rt></ruby><ruby>다<rt>タ</rt></ruby>
교복 스타일 코디 귀엽다!

人生最高のドラマだった。

275

인생 드라마였다.
_{インセン ドゥラマヨッタ}

▶ 인생 (インセン) は「人生」。인생 ○○のように使うと「人生最高の○○」という意味になります。「人生最高の映画」は인생 영화 (インセン ニョンファ)。

一日で一気見してしまった。

276

하루 만에 정주행해 버림.
_{ハル マネ チョンジュヘンヘ ボリm}

▶ 정주행 (チョンジュヘン) は漢字で書くと「正走行」。「一気見」という意味で使われます。

恋愛の展開がもどかしい…

277

러브 라인 완전 고구마...
_{ロブ ライン ワンジョン コグマ}

▶ 러브 라인 (ロブ ライン) は韓国製の英語表現 love line で、ドラマにおける恋愛のプロットを意味します。고구마 (コグマ) は「サツマイモ」。喉に詰まりやすいことから、もどかしい状態を表します。

ラストシーンにスカッとした。

278

엔딩 장면이 사이다였어.
_{エンディン ジャンミョニ サイダヨッソ}

▶ 사이다 (サイダ) は「サイダー」。サイダーを飲むと、サツマイモを詰まらせた喉がスッキリすることから、スカッとした気分を表します。

イチャイチャシーンにキュンキュンした。

279

꽁냥꽁냥에 심쿵했다.
_{ッコンニャンッコンニャンエ シmクンヘッタ}

▶ 심쿵 (シmクン) は「心臓がドキドキ」の심장이 쿵 (シmジャンイ クン) の略です。

怒涛の展開にハラハラした…

280

휘몰아치는 전개에 조마조마했다...
_{フィモラチヌン ジョンゲエ チョマジョマヘッタ}

▶ 휘몰아치다 (フィモラチダ) は「（風が）吹き荒れる」、조마조마 (チョマジョマ) は「ハラハラ、ヒヤヒヤ」という意味。

最終回に感動した（泣）

281

마지막 회 감동이었다ㅠㅠ
_{マジマ クェ カmドンイオッタ}

▶ 마지막 회 (マジマ クェ) は「最後の回」。「最終回」の최종회 (チュェジョンフェ) も使いますが、少し硬い表現です。

主人公が詐欺キャラクター。

282

주인공이 사기 캐릭t.
_{チュインゴンイ サギ ケリクt}

▶ 主人公があまりに完璧すぎて、詐欺のように思える、という意味。ほめ言葉として使います。

見ごたえのある映画だった。

283

<ruby>ポ<rt>ボ</rt></ruby>ルマナン ニョンファヨッタ
볼만한 영화였다.

名演技だった。

284

ミョンプm ニョンギヨッタ
명품 연기였다.

⊙ 「名演技」は直訳すると名演技（ミョンニョンギ）ですが、「名品演技」の名品 演技（ミョンプmニョンギ）を使うことも多いです。

伏線回収に鳥肌が立った。

285

ポkソン ヌェスエ ソルm ドダッソ
복선 회수에 소름 돋았어.

⊙ 복선（ポkソン）は「伏線」、회수（フェス）は「回収」。복선の代わりに떡밥（ットkパp）「練り餌」という表現を使う人も多いです。

感情がジェットコースターのようだった…

286

カmジョンエ ロrロコストルr タッタ
감정의 롤러코스터를 탔다...

⊙ 롤러코스터（ロrロコスト）は「ジェットコースター」。感情の起伏が激しいことのたとえとしても使われます。

韓国映画の沼に落ちた。

287

ハングン ニョンファエ ヌペ ッパジョッタ
한국 영화의 늪에 빠졌다.

OSTも最高すぎる。

288

オエスティド ックンネジュンダ
OST도 끝내준다.

⊙ OSTは Original Sound Track「サウンドトラック」の略。

次は何見よう？

289

イジェ ムォ ボジ
이제 뭐 보지?

続編が楽しみ！

290

フソkピョン キデドゥエンダ
후속편 기대된다!

⊙ 「続編」は후속편（フソkピョン）。「次のシーズン」といいたいときには다음 시즌（タウmシジュン）を使いましょう。

質問する・呼びかける

ファン同士で質問しあったり、協力しあったりするときに使えるフレーズを紹介します。

世間のみなさん、これを見てください！

291

세상 사람들 이것 좀 보세요!

セサン　サラmドゥr　イゴッ　チョm　ボセヨ

すばらしいコンテンツをシェアしたいとき、このようにSNSに投稿する韓国人が多いです。世상 사람들（セサン サラmドゥr）「世間のみなさん」の代わりに얘들아（イェドゥラ）「みんな」、이것（イゴッ）「これ」の代わりに우리 애（ウリ エ）「うちの子」もよく使います。

好きな曲は何ですか？

292

^{チョアハヌン　ノレヌン　ムォエヨ}
좋아하는 노래는 뭐예요?

(▶) 「一番好きな曲」という意味で「最愛曲」の최애 곡（チュエゴ k）もよく使います。

好きなグループは何ですか？

293

^{チョアハヌン　グルブン　ヌグエヨ}
좋아하는 그룹은 누구예요?

(▶) このような場合、韓国語では「何ですか？」뭐예요?（ムォエヨ）ではなく「誰ですか？」누구예요?（ヌグエヨ）を使うのが自然。ちなみに、「推しグル」（一番推しているグループ）は최애 그룹（チュエ グルp）といいます。

好きなメンバーは誰ですか？

294

^{チョアハヌン　メmボヌン　ヌグエヨ}
좋아하는 멤버는 누구예요?

今度のコンサートには行きますか？

295

^{イボン　コンソトゥエヌン　カr　コエヨ}
이번 콘서트에는 갈 거예요?

(▶)「前回のコンサートには行きましたか？」は저번 콘서트에는 갔어요?（チョボン コンソトゥエヌン カッソヨ）といいます。

韓国のコンサートはどうでしたか？

296

^{ハングk　コンソトゥヌン　オッテッソヨ}
한국 콘서트는 어땠어요?

レポのアップ、ありがとうございます！

297

^{フギ　オrリョ　ジュション　カmサハmニダ}
후기 올려 주셔서 감사합니다!

(▶) 후기（フギ）は漢字で書くと「後記」。感想やレビューを意味する言葉としてよく使われています。詳しくはp.19参照。

今回のグッズはどうでしたか？

298

^{イボン　クッチュヌン　オッテッソヨ}
이번 굿즈는 어땠어요?

今日の音楽番組は観ましたか？

299

^{オヌ　ルmバン　ブァッソヨ}
오늘 음방 봤어요?

(▶) 음방（ウmバン）は「音楽放送」の음악 방송（ウマk パンソン）の略です。

CHAPTER

4

オタ友との交流に使えるフレーズ

掛け声を覚えましょう！

300

ウンウォンポブ r　ウェウpシダ
응원법을 외웁시다!

▶ 公開放送やコンサートに参加するファンは、アイドルの所属事務所が発表する公式の掛け声（曲にあわせて叫ぶ合いの手）を事前に覚えます。

新曲を1位にしましょう！

301

シンゴグr　イルィロ　マンドゥロヨ
신곡을 1위로 만들어요!

今日もストリーミング再生しましょう！

302

オヌ r d　スミンハpシダ
오늘도 스밍합시다!

▶ 音源サイトにおける楽曲の再生回数などが音源チャートに影響するため、ファンは互いに協力を呼びかけあいます。

目標は1億回再生！

303

モkピョヌン　チョフェス　イロkビュ
목표는 조회수 1억뷰!

▶ 「○○回再生」は○○뷰（ビュ）といいます。英語のviewが由来です。

このハッシュタグをトレンド入りさせましょう！

304

イ　ヘシテグ　シrトゥエ　オrリpシダ
이 해시태그 실트에 올립시다!

▶ 실트（シrトゥ）は「リアルタイムトレンド」という意味の実時間トレンド（シrシガン トゥレンドゥ）の略。詳しくはp.29参照。

この練習生への投票をお願いします！

305

イ　ヨンスpセンエゲ　トゥピョヘ　ジュセヨ
이 연습생에게 투표해 주세요!

▶ 練習生がデビューをかけて戦うオーディション番組では、視聴者やファンの投票が求められることも。

誕生日サポートを企画しています。

306

センイr　ソポトゥ　キフェk　チュンイエヨ
생일 서포트 기획 중이에요.

いっしょにお祝いしましょう！

307

カチ　チュカハpシダ
같이 축하합시다!

私たちファン同士で広告を出しませんか？

₃₀₈

<small>ウリ　ペンドゥrッキリ　クァンゴルr　ネ　ボッカヨ</small>
우리 팬들끼리 광고를 내 볼까요?

私たちファン同士でコーヒー車を差し入れしませんか？

₃₀₉

<small>ウリ　ペンドゥrッキリ　コピチャルr　ボネ　ボッカヨ</small>
우리 팬들끼리 커피차를 보내 볼까요?

⏵ 推しの誕生日サポートの一環として、ファン同士でお金を出し合って、撮影現場にコーヒー車（移動式カフェ）を差し入れするケースもあります。

参加希望の方はこちらからご登録ください。

₃₁₀

<small>チャmガルr　ヒマンハシヌン　ブヌン　ヨギエ　トゥ>ンノケ　ジュセヨ</small>
참가를 희망하시는 분은 여기에 등록해 주세요.

スローガンを配布します。

₃₁₁

<small>スrロゴン　ナヌォ　ドゥリmニダ</small>
슬로건 나눠 드립니다.

カップホルダーを配布します。

₃₁₂

<small>コ　ポrド　ナヌォ　ドゥリmニダ</small>
컵 홀더 나눠 드립니다.

⏵ 推しの顔写真をプリントしたカップホルダーを作成し、来場者に配布するというイベントを開くファンもいます。

グッズを譲ってくださる方を探しています。

₃₁₃

<small>クッチュ　ヤンドヘ　ジュシr　ブン　チャジャヨ</small>
굿즈 양도해 주실 분 찾아요.

リプライかDMをお待ちしています。

₃₁₄

<small>テックリナ　ティエm　キダリrケヨ</small>
댓글이나 DM 기다릴게요.

気軽にフォローしてください！

₃₁₅

<small>ブダ　モpシ　パrロウヘ　ジュセヨ</small>
부담 없이 팔로우해 주세요!

⏵ 「フォロー」の팔로우（パrロウ）を팔로（パrロ）と短く表記する人も多いです。

発言やコメントに反応する

親しいファン同士で共感したり、リアクションしたりするときに使えるフレーズを紹介します。歌詞やドラマでよく聞く言葉もあるかも?

マジで?

316

진짜?
チンッチャ

歌詞やドラマでこのフレーズを聞いたことがあるという人もいるのではないでしょうか。韓国人が驚くときの定番表現です。同じ意味で정말?(チョンマr) を使うこともあります。最後に로 (ロ)をつけて、진짜로?(チンッチャロ)、정말로?(チョンマrロ) と言う人も多いです。

114

え!?

317

^{ホ r}
헐!?

やばい!

318

^{テバ k}
대박!

⊙ 대박 (テバk) は元々「大成功、大ヒット」を表す言葉ですが、現在は「やばい、すごい」という意味でも広く使われています。

ウケる。

319

^{ウッキダ}
웃기다.

それな。

320

^{ネ マリ}
내 말이.

ほんとそれ。

321

^{クニッカ}
그니까.

⊙ 그니까 (クニッカ) はそりゃそうだよ (クロニッカ) の略です。両方よく使われています。

確かに。

322

^{クロゲ}
그러게.

なるほど。

323

^{クロクナ}
그렇구나.

⊙ ネット上では、これを略して글쿤 (クrクン) と表記することもあります。

もちろん。

324

^{クロ m}
그럼.

了解！

325

ᵃアラッソ
알았어!

そうだよ。

326

マジャ
맞아.

▶ 맞아 맞아!と重ねると「そうそう！」というニュアンスになります。

うーん。

327

ウ ᵐ
음.

そう？

328

クレ
그래?

▶ 그렇겠지?(クロケッチ)は「(たぶん)そうでしょ？」、그랬어?(クレッソ)は「そうだったの？」という意味。

は？

329

ムォ
뭐?

まさか！

330

ソルマ
설마!

どうしよう。

331

オットケ
어떡해.

▶ 어떡해 (オットケ)は、原形어떡하다 (オットカダ)「どうする」をパンマル (タメロ)にした表現。「どのように」の어떻게 (オットケ)と間違えないようにしましょう。

なんてこと…

332

セサンエ
세상에...

やったー！

333

<ruby>앗싸<rt>アッサ</rt></ruby>~!

いいねいいね！

334

<ruby>좋아<rt>チョア</rt></ruby> <ruby>좋아<rt>チョア</rt></ruby>!

▶ 좋네 좋네!(チョンネ チョンネ)、좋다 좋다!(チョタ チョタ)ともいいます。

わー、いいなあ！

335

<ruby>와<rt>ワ</rt></ruby>~ <ruby>좋겠다<rt>チョケッタ</rt></ruby>!

▶ 좋겠다（チョケッタ）の代わりに「羨ましい」の부럽다（プロpタ）を使うこともできます。

びっくりした～！

336

<ruby>깜짝이야<rt>ッカmッチャギヤ</rt></ruby>~!

あら！

337

<ruby>어머<rt>オモ</rt></ruby>!

ひどい！

338

<ruby>심하다<rt>シマダ</rt></ruby>!

▶ 심하다（シマダ）は友だち同士、너무해（ノムヘ）は恋人同士で使うニュアンスです。

泣ける。

339

<ruby>눈물<rt>ヌンムr</rt></ruby> <ruby>난다<rt>ランダ</rt></ruby>.

▶ 눈물 난다（ヌンムrランダ）の直訳は「涙が出る」です。

オワタ。

340

<ruby>망했다<rt>マンヘッタ</rt></ruby>.

▶ 망했다（マンヘッタ）の直訳は「失敗した、だめだった」。「オワタ、詰んだ」のニュアンスで使われます。

コンサートや握手会などに参加した感想を、ファン同士で語り合うときに使えるフレーズを紹介します。

イベントに参加する

341

CD飲み込んだかと思った。

シディ サムキン ジュ r
CD 삼킨 줄.

生放送やコンサートで、アーティストがCDで聞くのと遜色ない、もしくはそれ以上の歌声を披露したとき、日本のファンは「口からCD音源だった」などと言いますが、韓国のファンは「CD飲み込んだかと思った」と表現することがあります。国は違えどファンが考えることは似ていて、おもしろいですね。動詞、形容詞に -ㄴ/은 줄 をつけると「〜かと思った」という言葉になります。

推しが実在してた。

342

チュエガ　シrチョナドラ
최애가　실존하더라.

▶ ちなみに、推しを生で見ることを実物 영접（シrムr ヨンジョp）といいます。漢字で書くと「実物迎接」です。

顔が小さくてお人形さんみたいだった。

343

オrグリ　チャガソ　イニョンイン ジュ ララッソ
얼굴이　작아서　인형인　줄　알았어.

足が長すぎて5mあった。

344

タリガ　ノム　キロソ　オミトッチュm トゥェヌン ジュr
다리가　너무　길어서　5m쯤　되는　줄.

オーラが半端なかった。

345

ポスガ　チャンナ　ナニオッソ
포스가　장난　아니었어.

▶ 포스（ポス）は英語のforceのハングル表記で、「力」という意味。「オーラ」のアウラ（アウラ）を使うこともできます。

全員眩しくて見えなかった。

346

チョヌォン　ヌニ　ブショソ　ボr スガ　オpトラ
전원　눈이　부셔서　볼 수가　없더라.

推しと目があった！

347

チュエラン ヌン マジュチョッタ
최애랑　눈 마주쳤다!

みんなかわいくて、幸せフル充電。

348

タドゥ　リェッポソ　ヘンボk プ チュンジョネッタ
다들 예뻐서　행복 풀 충전했다.

▶ 행복 풀 충전（ヘンボk プr チュンジョン）は「幸せフル充電」。幸せで満たされたときにオタクが使うフレーズ。

同じ空気吸っただけで幸せ。

349

カトゥン　ゴンギ　マシン　ゴンマヌロ　ヘンボk
같은　공기　마신　것만으로　행복.

CHAPTER

4

オタ友との交流に使えるフレーズ

会場が熱い！

350

公연장이 뜨거워！
（コンヨンジャンイ ットゥゴウォ）

🔊 공연장（コンヨンジャン）を漢字で書くと「公演場」。このような場合には、「会場」の회장（フェジャン）より、よく使われます。

歓声がすごい。

351

환성이 굉장하다.
（ファンソンイ クェンジャンハダ）

登場した瞬間からかっこよかった。

352

등장하는 순간부터 멋있었어.
（トゥンジャンハヌン スンガンブト モシッソッソ）

生歌に鳥肌立った。

353

라이브 소름 돋았어.
（ライブ ソルm ドダッソ）

セットリストが激アツ。

354

셋리 미쳤다.
（センリ ミチョッタ）

🔊 コンサートの曲目やその順序を表す「セットリスト」は세트리스트（セトゥリストゥ）、略して셋리스트（センリストゥ）、さらに略して셋리（センリ）といいます。

日本語のMCが上手！

355

일본어 멘트 너무 잘한다！
（イrボノ メントゥ ノム チャランダ）

🔊 「上手」の잘한다（チャランダ）を「面白い」の웃기다（ウッキダ）や「感動だ」の감동이다（カmドンイダ）にかえて使えます。

ステージから超近かった。

356

무대에서 완전 가까웠다.
（ムデエソ ワンジョン カッカウォッタ）

ファンサめちゃくちゃもらえた。

357

팬 서비스 엄청 많이 해 줬다.
（ペン ソビス オmチョン マニ ヘ ジュオッタ）

120

体感時間5秒だった。

358
チェガm シガン オチョヨッタ
체감 시간 5초였다.

記憶がない。

359
キオギ オpタ
기억이 없다.

夢だったのかな？

360
ックミオンナ
꿈이었나?

泣かないでいい子にしてた甲斐がある。

361
ア ヌrゴ チャカゲ サン ポラミ イッタ
안 울고 착하게 산 보람이 있다.

⊙ 推しのパフォーマンスやコンテンツを見て幸せを感じたとき、韓国のオタクはこのように喜びを表現することがあります。

これでしばらく生きられる。

362
イゴr ロ タンブンガン サラガr ス イッタ
이걸로 당분간 살아갈 수 있다.

ものすごい余韻。

363
オmチョンナン ニョウン
엄청난 여운.

あとでレポ書きます！

364
ナジュンエ フギ ッスrケヨ
나중에 후기 쓸게요!

また行きたい〜！

365
ット カゴ シpトゥア
또 가고 싶드아~!

CHAPTER 4 オタ友との交流に使えるフレーズ

グッズにかかわる悲喜こもごもを
表すフレーズを集めました。

物販に参加する

鑑賞用・保存用・
布教用に3冊買うわ。

366
チョンシヨン　ボグァンニョン　ヨンオmニョンウロ　セ　グォン　サr　コヤ
전시용, 보관용, 영업용으로 세 권 살 거야.

直訳すると、전시용（チョンシヨン）は「展示用」、보관용（ボグァンニョン）は「保管用」、영업용（ヨ
ンオmニョン）は「営業用」。推しの魅力を周囲に伝える活動は、韓国では「営業」に例えられ
ます（p.16参照）。一つのグッズを複数買って、飾ったり人に貸したりいろいろな用途に備え
るのは、どこの国のオタクも同じなのかもしれません。

367

グッズ情報きた！

^{クッチュ ジョンボ ナワッタ}
굿즈 정보 나왔다!

368

今回のグッズかわいい！

^{イボン グッチュ クィヨウォ}
이번 굿즈 귀여워!

369

全部ほしい。

^{タ カッコ シpタ}
다 갖고 싶다.

370

この列、どういうこと…

^{イ ジュr ムスン ニリニャ}
이 줄 무슨 일이냐...

⊙ 무슨 일이냐 (ムスン ニリニャ) は「どういうことか」という意味で、信じられない状況を見たときに使います。

371

売り切れた。

^{メジンドウェッタ}
매진됐다.

⊙ 「全部売れた」の전부 팔렸다 (チョンブ パr リョッタ) もよく使います。

372

オンラインで買おう。

^{オンライヌロ サヤジ}
온라인으로 사야지.

373

財布の紐を緩めるオタク。

^{チガm ニョrリヌン ドク}
지갑 열리는 덕후.

374

爆買いしてしまった…

^{ポkプン グメヘ ボリョッタ}
폭풍 구매해 버렸다...

⊙ 폭풍 (ポkプン) の意味は「暴風」。暴風のように商品をさらうという意味で、爆買いの様子を表します。

CHAPTER

4

オタ友との交流に使えるフレーズ

123

グッズ届いたー！

375
クッチュ　ワッタ
굿즈 왔다~!

このグッズお気に入り！

376
イ　グッチュ　マウメ　ドゥロ
이 굿즈 마음에 들어!

推しとお揃い！　やったー♡

377
チュェラン　コプリダ　アッサ
최애랑 커플이다! 앗싸~♡

いまから開封する。ドドン！

378
チグmブト　ケボンハンダ　トゥドゥン
지금부터 개봉한다. 두둥!

▶ 개봉 (ケボン) は「開封」という意味。두둥 (トゥドゥン) は、何かを発表するときの太鼓の音を真似た擬音語。

開封するのがもったいない！

379
ットゥッキ　アッカpタ
뜯기 아깝다!

▶ 뜯기 (ットゥッキ) は「開封する、はがす、切り取る」など、さまざまな意味を持つ動詞です。

未開封のまま飾っておこう。

380
ットゥッチ　マrゴ　チャンシケ　ドゥォヤジ
뜯지 말고 장식해 둬야지.

グッズに囲まれる幸せ…

381
クッチュエ　トゥrロッサイン　ヘンボk
굿즈에 둘러싸인 행복...

グッズ卒します。

382
クッチュ　ックヌr　コエヨ
굿즈 끊을 거예요.

▶ 끊을 거예요 (ックヌr コエヨ) の原形끊다 (ックンタ) は「やめる」という意味です。

124

物欲捨てて！

383

<small>ムリョグr　ポリョ</small>
물욕을 버려!

推しが当たった！

384

<small>チュェエ　コ　ッポバッタ</small>
최애 거 뽑았다!

メンバー全員当たった！

385

<small>チョン　メmボ　タ　ナワッタ</small>
전 멤버 다 나왔다!

運を使い果たした…

386

<small>ウン　タ　ッソッタ</small>
운 다 썼다...

推しが一つも出なかった。

387

<small>チュェエガ　ハナド　アン　ナワッソ</small>
최애가 하나도 안 나왔어.

運がなさすぎる（泣）

388

<small>ウニ　ノム　オpタ</small>
운이 너무 없다ㅠㅠ

ソンムルをたくさん用意してきたので、受け取ってください！

389

<small>ソンムr　マニ　ジュンビヘンヌンデ　パドゥセヨ</small>
선물 많이 준비했는데 받으세요!

▶ 선물（ソンムr）は「プレゼント」という意味。ファン同士でグッズを配布したり交換したりするときに使います。

このトレカを○○のトレカと交換してくださる方〜！

390

<small>イ　ポカ　　ポカロ　キョファネ　ジュシr　ブン</small>
이 포카 ○○ 포카로 교환해 주실 분~!

▶ 포카（ポカ）は「フォトカード」の포토 카드（ポト カドゥ）の略で、「トレカ」と同じ意味で使われます。

聖地を巡礼する

間違いなく推しが存在し、呼吸をしていた場所に出かけることは、オタクにとってこの上ない喜び。

ここがMVのロケ地だ！

391

여기가 뮤비 촬영지야!
ヨギガ　ミュビ　チュアリョンジヤ

韓国のドラマやミュージックビデオを見ていると、どこで撮影したのか気になりますよね。ガイドブックやSNSで紹介されているロケ地も多いので、韓国を訪れる機会があったら、それらを巡るのも楽しいかもしれません。他にも、大手芸能事務所が手がける観光施設や、人気アーティストの家族が経営する飲食店など、韓国エンタメ好きにはたまらないスポットがたくさんありますよ。

推しが行ったお店だ！

<ruby>최애가<rt>チュェエガ</rt></ruby> <ruby>다녀간<rt>タニョガン</rt></ruby> <ruby>가게<rt>ガゲ</rt></ruby>!

この席に座ったらしい！

<ruby>이<rt>イ</rt></ruby> <ruby>자리에<rt>ジャリエ</rt></ruby> <ruby>앉았나<rt>アンジャンナ</rt></ruby> <ruby>봐<rt>ブァ</rt></ruby>!

同じものが食べられて幸せ！

<ruby>같은<rt>カトゥン</rt></ruby> <ruby>거<rt>ゴ</rt></ruby> <ruby>먹을<rt>モグr</rt></ruby> <ruby>수<rt>ス</rt></ruby> <ruby>있어서<rt>イッソソ</rt></ruby> <ruby>행복하다<rt>ヘンボカダ</rt></ruby>!

同じ構図で写真撮りたい！

<ruby>같은<rt>カトゥン</rt></ruby> <ruby>구도로<rt>グドロ</rt></ruby> <ruby>사진<rt>サジン</rt></ruby> <ruby>찍고<rt>ッチkコ</rt></ruby> <ruby>싶어<rt>シポ</rt></ruby>!

事務所巡りしよ〜！

<ruby>소속사<rt>ソソkサ</rt></ruby> <ruby>투어<rt>トゥオ</rt></ruby> <ruby>가자<rt>カジャ</rt></ruby>~!

▶ 「○○巡り」は「○○ツアー」の○○ 투어（トゥオ）と表現しましょう。

誕生日カフェを巡ろう！

<ruby>생일<rt>センイr</rt></ruby> <ruby>카페<rt>カペ</rt></ruby> <ruby>투어<rt>トゥオ</rt></ruby> <ruby>하자<rt>ハジャ</rt></ruby>!

▶ アーティストの誕生日にあわせて韓国を訪れると、ファンがカフェを貸し切って行うイベントに参加できることも。

誕生日広告を見に行こう！

<ruby>생일<rt>センイr</rt></ruby> <ruby>광고<rt>グァンゴ</rt></ruby> <ruby>보러<rt>ボロ</rt></ruby> <ruby>가자<rt>ガジャ</rt></ruby>!

▶ 推しの誕生日を祝うため、駅やバス停から、映画館で上映されるCM、さらには飛行機のチケットまで、ファンはいろいろな場所に広告を出します。

○○のお母さんがやってるカフェに行きたい！

○○ <ruby>어머니가<rt>オモニガ</rt></ruby> <ruby>운영하시는<rt>ウニョンハシヌン</rt></ruby> <ruby>카페에<rt>カペエ</rt></ruby> <ruby>가고<rt>カゴ</rt></ruby> <ruby>싶어<rt>シポ</rt></ruby>!

▶ アーティストやその家族が経営する飲食店は、いまやガイドブックにも載っているほど、韓国観光の定番の一つになっています。お店の迷惑にならないよう、節度を守って楽しみましょう。

SNSで使える略語

韓国の若者は SNS でハングルの子音だけを使って会話することがあります。アイドルの投稿でもよく見られる、代表的なものを紹介します。

^{ク ク ク} ㅋㅋㅋ	www
^{フ フ フ} ㅎㅎㅎ	フフフ
^{ウ ウ} ^{ユ ユ} ㅜㅜ / ㅠㅠ	（泣）
^{カ m サ} ㄱㅅ	ありがと
^{チュェソン} ㅈㅅ	ごめん
^{ス ゴ} ㅅㄱ	お疲れ
^{クェンチャナ} ㄱㅊ	大丈夫
^{チュカ} ㅊㅋ	おめでとう
^{ウンウン} ㅇㅇ	うんうん
^{ナ ド} ㄴㄷ	私も
^{オ ケ} ㅇㅋ	OK
^{レ ア r} ㄹㅇ	マジで?
^{ノ ノ} ㄴㄴ	ノーノー
^{バイバイ} ^{ッパイッパイ} ㅂㅂ / ㅃㅃ	バイバイ
^{サ ラン ヘ} ㅅㄹㅎ	愛してるよ
^{クィヨウォ} ^{コ ヨ ウォ} ㄱㅇㅇ / ㅋㅇㅇ	かわいい

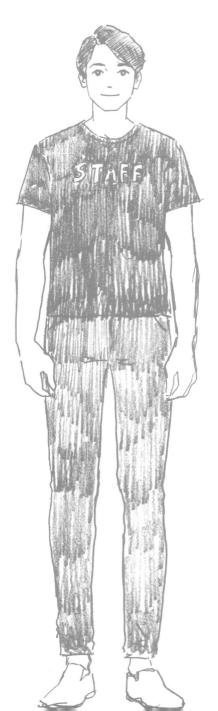

運営とのやり取りに使えるフレーズ

意見・要望を伝える

日本語字幕をつけてほしい、グッズを再販してほしい… 運営へのリクエストに使える表現を紹介します。

日本でも公演してください！

400

일본에서도 공연해 주세요!

イrボネソド コンヨネ ジュセヨ

公演（コンヨン）は「公演」、해 주세요（ヘ ジュセヨ）は「〜してください」を意味します。要望を伝えるときは、動詞に-아/어 주세요（〜ア／オ ジュセヨ）「〜（し）てください」をつけます。もっと強く感情を込めて依頼したい場合は、꼭（ッコk）「必ず」や제발（チェバr）「ぜひ」などをつけたりします。

日本でもファンミーティングを開催してください。

_{イrボネソド ペンミティンウr ケチュエヘ ジュセヨ}
일본에서도 팬미팅을 개최해 주세요.

日本でもサイン会を開催してください。

_{イrボネソド サイヌエルr ケチュエヘ ジュセヨ}
일본에서도 사인회를 개최해 주세요.

追加公演をお願いします。

_{チュガ ゴンヨン ヨチョンドゥリmニダ}
추가 공연 요청드립니다.

▶ 요청 (ヨチョン)「要請」は強い要望を伝えるときによく使います。

もっと広いキャパの会場で公演してください！

_{ト マヌ ニウオニ トゥロガr ス インヌン ゴセソ コンヨネ ジュセヨ}
더 많은 인원이 들어갈 수 있는 곳에서 공연해 주세요!

日本でも大人気だということを知ってください！

_{イrボネソド インキガ マンタヌン ゴr アラ ジュセヨ}
일본에서도 인기가 많다는 걸 알아 주세요!

W会員を優遇してほしいです…（泣）

_{トブrリュフェウォヌr ウデヘ ジュオッスミョン チョケッソヨ}
W회원을 우대해 줬으면 좋겠어요...ㅠㅠ

▶ 「W会員」は、通常とモバイルのファンクラブの両方に入っている会員などを指します。

入場するときに本人確認を徹底してください。

_{イpチャンハr ッテ ボニ ヌァギヌr チョrチョヒ ヘ ジュセヨ}
입장할 때 본인 확인을 철저히 해 주세요.

▶ 最近、人気コンサートのチケットを高額転売する人が増えているため、芸能事務所は対策を強化しています。

コンサートDVDを発売してほしいです。

_{コンソトゥ ティビディ ッコk パrメヘ ジュセヨ}
콘서트 DVD 꼭 발매해 주세요.

韓国での発売日と同時に日本で発売してほしいです。

409

ハングk パrメイrグァ ガトゥン ナr イrボネソ パrメハミョン チョケッソヨ
한국 발매일과 같은 날 일본에서 발매하면 좋겠어요.

ビハインド公開待ってます。

410

ビハインドゥ ヨンサン キダリrケヨ
비하인드 영상 기다릴게요.

日本語字幕をつけてください。

411

イrボノ チャマン ノオ ジュセヨ
일본어 자막 넣어 주세요.

過去の配信にも日本語字幕をつけてほしいです。

412

クァゴ ヨンサンド チャマ ギッスミョン チョケッソヨ
과거 영상도 자막 있으면 좋겠어요.

配信期間をもう少し長くしてください。

413

コンゲ ギガン チョm ド キrゲ ヘ ジュセヨ
공개 기간 좀 더 길게 해 주세요.

サーバーを強化してください。

414

ソボルr ヌrリョ ジュセヨ
서버를 늘려 주세요.

カメラワークを改善してほしいです。

415

カメラ ウォクルr チョm ケソナミョン チョケッソヨ
카메라 워크를 좀 개선하면 좋겠어요.

○○とコラボしてください！

416

ハゴ コrラボヘ ジュセヨ
○○하고 콜라보해 주세요!

▶ 「コラボ」の正しい表記は컬래버 (コrレボ) ですが、콜라보 (コrラボ) がよく使われます。

スパムコメントで再生回数が減っているみたいです。

_{スペm デック r タセ チョフェスガ チュロンナ ブァヨ}
스팸 댓글 탓에 조회수가 줄었나 봐요.

早急に対策をお願いします。

_{ッパルン デチョ ブタ k トゥリ m ニダ}
빠른 대처 부탁드립니다.

悪質なコメントに傷つくメンバーの姿は見たくありません。

_{メ m ボガ ア k プレ サンチョバンヌン モス p アン ボゴ シボヨ}
멤버가 악플에 상처받는 모습 안 보고 싶어요.

コメント欄の閉鎖を検討してください。

_{テック r チャン ペセェル r コ m トヘ ジュセヨ}
댓글창 폐쇄를 검토해 주세요.

韓国公演のグッズを日本でも販売してください。

_{ハング k コンヨン クッチュル r イ r ボネソド パラ ジュセヨ}
한국 공연 굿즈를 일본에서도 팔아 주세요.

グッズの生産数を増やしてください。

_{クッチュ センサンニャンウ r ヌ r リョ ジュセヨ}
굿즈 생산량을 늘려 주세요.

グッズの再販をお願いします。

_{クッチュル r チェバンメヘ ジュシギ パラ m ニダ}
굿즈를 재판매해 주시기 바랍니다.

▶ -기 바랍니다 (キ パラ m ニダ)「〜するようお願いします」は丁寧に依頼するときに使います。

グッズの購入数を制限してください。

_{クッチュ グメ スリャンウ r チェハネ ジュセヨ}
굿즈 구매 수량을 제한해 주세요.

転売が懸念されるので、受注生産を検討してください。

<ruby>トゥ<rt></rt></ruby>ェ<ruby>パ<rt></rt></ruby>ルギエ　ウリョガ　イッスニ　チュムン　センサンジェルr　コムトヘ　ジュセヨ
되팔기의 우려가 있으니 주문 생산제를 검토해 주세요.

▶ 되팔기 (トゥェパルギ) は直訳すると「再販」。人気アーティストのグッズが定価より高値で転売されることが問題になっています。

ペンライトが不良品なので、返品したいです。

ペンライトゥガ　プrリャンイラ　パンブマゴ　シポヨ
팬라이트가 불량이라 반품하고 싶어요.

▶ 自分の希望を話すときは -고 싶어요 (コ シポヨ)「〜したいです」を使うといいでしょう。

新しい商品と交換してください。

セ　ジェブムロ　キョファネ　ジュセヨ
새 제품으로 교환해 주세요.

返金してください。

ファンブレ　ジュセヨ
환불해 주세요.

メンバーを休ませてあげてほしいです。

メmボドゥルr　チョm　スィゲ　ヘ　ジュミョン　チョケッソヨ
멤버들을 좀 쉬게 해 주면 좋겠어요.

メンバーを守ってください。

メmボルr　チキョ　ジュセヨ
멤버를 지켜 주세요.

メンバーに平等に仕事を割り振ってください。

メmボエゲ　イルr　コrゴル　ナヌォ　ジュセヨ
멤버에게 일을 골고루 나눠 주세요.

▶ 特定のメンバーに仕事を集中させる몰아주기 (モラジュギ) が問題になったこともあります。

○○（メンバー名）が引き立つ振付をしてください。

ガ　イ　トッポイr　ス　インヌ　ナンムルr　マンドゥロ　ジュセヨ
○○ 가/이 돋보일 수 있는 안무를 만들어 주세요.

▶ 「〜が」などの韓国語の助詞は、前にくる言葉によって使い分けます。○○が母音で終わる（パッチムがない）場合は가（ガ）、子音で終わる（パッチムがある）場合は이（イ）を使いましょう。

○○（メンバー名）の素敵な声を堪能できる曲がほしいです。

エックr ソンデルr マンッキカr ス インヌン ゴグr ウォネヨ
○○의 꿀성대를 만끽할 수 있는 곡을 원해요.

▶ 꿀（ックr）「蜂蜜」+ 성대（ソンデ）「声帯」で、꿀성대（ックr ソンデ）「素敵な声」。

○○（メンバー名）の演技する姿をもっと見たいです！

エ ヨンギハヌン モスブr チョm ド ボゴ シボヨ
○○의 연기하는 모습을 좀 더 보고 싶어요!

各メンバーに似合う衣装を着せてほしいです。

メmボ カkチャエゲ オウr リヌン ウィサンウr スタイr リンハミョン チョケッソヨ
멤버 각자에게 어울리는 의상을 스타일링하면 좋겠어요.

悪編（あくへん）はしないでください。

アンマエ ピョンジブr ハジ マセヨ
악마의 편집을 하지 마세요.

▶ 악마의 편집（アンマエ ピョンジp）は直訳すると「悪魔の編集」。オーディション番組で一部の出演者をおとしめるとして、問題になったことがあります。

写真の加工をもう少し自然な感じにしてください。

サジン ボジョンウr チョm ド チャヨンスロpケ ヘ ジュセヨ
사진 보정을 좀 더 자연스럽게 해 주세요.

▶ 「写真の加工」は사진（サジン）「写真」+ 보정（ボジョン）「補正」で사진 보정（サジン ボジョン）。

次はクールなコンセプトも見てみたいです。

タウメヌン クラン コンセptゥ ボゴ シボヨ
다음에는 쿨한 콘셉트 보고 싶어요.

日本公演で、メンバーにサプライズをしたいです。

イrボン ゴンヨン ッテ ソプライジュルr ハゴ シボヨ
일본 공연 때 서프라이즈를 하고 싶어요.

アンコールのとき、フラッシュイベントをするのはどうですか？

エンコr ッテ プrレシ イベントゥハヌン ゴ ノッテヨ
앵콜 때 플래시 이벤트하는 건 어때요?

▶ 플래시 이벤트（プrレシ イベントゥ）は、一斉にスマホのライトを点灯するイベントを意味します。このほかにも、ファンがバースデーソングを合唱したり、特定のメッセージを書いたスローガンを一斉に掲げたりするサプライズがあります。

問い合わせ
をする

ファンレターの送り先は？ グッズは1人何個まで？ 調べてもわからないことは、韓国語で質問してみましょう。

米花輪を
会場に送ってもいいですか？

441

ツサr　ファファヌr　コンヨンジャンエ　ポネド　ドゥェヨ
쌀 화환을 공연장에 보내도 돼요?

韓国では、ドラマの制作発表会やアイドルのコンサートなどのめでたい場に、ファンがお祝いとして「米花輪」쌀 화환（ツサr ファファン）を送るという風習があります。花輪などで飾りつけた米のことで、米はその後、芸能人の名前で福祉団体などに寄付されます。いきなり送るのではなく、まずは事務所に確認しましょう。

次の来日はいつですか？

タウメヌン　オンジェ　イrボネ　ワヨ
다음에는 언제 일본에 와요?

コンサートの日程はいつ発表されますか？

コンソトゥ　イrチョンウン　オンジェ　バピョドゥエヨ
콘서트 일정은 언제 발표돼요?

ファンミーティングの予定はありますか？

ペンミティンウン　ケフェギ　イッスmニッカ
팬미팅은 계획이 있습니까?

ファンレターはどこに送ればいいですか？

ペンレトヌン　オディロ　ボネミョン　ドゥェヨ
팬레터는 어디로 보내면 돼요?

▶ -(으)면 돼요 ((ウ) ミョン ドゥェヨ) は「〜してもいいですか？」と尋ねるときに使います。

プレゼントはどこに送ればいいですか？

ソンムルン　オディロ　ボネミョン　ドゥェヨ
선물은 어디로 보내면 돼요?

自作のスローガンを会場に持ち込んでもいいですか？

チャジャk　スrロゴン　コンヨンジャンエ　カッコ　トゥロガド　ドゥェヨ
자작 슬로건 공연장에 갖고 들어가도 돼요?

市販のペンライトを会場に持ち込んでもいいですか？

シパン　ペンライトゥ　コンヨンジャンエ　カッコ　トゥロガド　ドゥェヨ
시판 팬라이트 공연장에 갖고 들어가도 돼요?

クレジットカードは使えますか？

カドゥ　キョrチェドゥエヨ
카드 결제돼요?

払い戻しはありますか？

ファンブ r ドゥエヨ
환불돼요?

振替公演の予定はありますか？

チェゴンヨン イェジョンウン インナヨ
재공연 예정은 있나요?

日本のファンクラブはいつ開設されますか？

イ r ボン ペンク r ロブン オンジェ ケソ r ドゥエヨ
일본 팬클럽은 언제 개설돼요?

日本人向けの番組観覧ツアーはありますか？

イ r ボンニン デサン パンチョン トゥオヌン オ p ソヨ
일본인 대상 방청 투어는 없어요?

▶ 「番組観覧」は韓国では方聴（パンチョン）といいます。直訳すると「傍聴」。詳しくはp.22参照。

MVはいつ公開されますか？

ミュビヌン オンジェ コンゲドゥエヨ
뮤비는 언제 공개돼요?

通信障害で配信が視聴できませんでした。どうすればいいですか？

トンシン チャンエロ パンソン シチョン モ テッソヨ　オットッケ ハミョン ドゥエヨ
통신 장애로 방송 시청 못 했어요. 어떻게 하면 돼요?

▶ 「できない」、「できなかった」ことを表したいときは動詞の前に「못（モッ）」をつけます。

ヨントン中に音が聴こえませんでした。どうすればいいですか？

ヨントン ジュンエ　ソリガ　アン ドゥ r リョッス m ニダ　オットケ ハミョン ドゥエヨ
영통 중에 소리가 안 들렸습니다. 어떻게 하면 돼요?

グッズの再販はありますか？

クッチュヌン チェパンメ ア ナ m ニッカ
굿즈는 재판매 안 합니까?

1人何個までですか？

ハン ミョンエ ミョッ　ケッカジエヨ
한 명에 몇 개까지예요?

すでに売り切れたグッズはありますか？

イミ　プmジョrドゥェン グッチュガ　インナヨ
이미 품절된 굿즈가 있나요?

くじには整理券が必要ですか？

ッポpキヌン　ボノピョガ　ピリョハンガヨ
뽑기는 번호표가 필요한가요?

▶ 整理券には大体番号が書いてあるので、번호표 (ボノピョ)「番号札」といいます。

このグッズはランダムですか？

イ グッチュヌン　レンドミンガヨ
이 굿즈는 랜덤인가요?

このグッズは何種類あるんですか？

イ グッチュヌン ミョッ チョンニュ インナヨ
이 굿즈는 몇 종류 있나요?

このグッズは会場限定ですか？

イ グッチュヌン ヒョンジャン グメ　ハンジョンイエヨ
이 굿즈는 현장 구매 한정이에요?

▶ 현장 구매 (ヒョンジャン グメ) は「現場購入」、한정 (ハンジョン) は「限定」。

このグッズは後からネットでも買えますか？

イ グッチュ ナジュンエ　イントネセrド　サrス イッソヨ
이 굿즈 나중에 인터넷에서도 살 수 있어요?

商品が届きません。いつ発送しましたか？

サンプミ ア ノネヨ　オンジェ バrソンヘッソヨ
상품이 안 오네요. 언제 발송했어요?

▶ 「いつごろ着きますか？」は언제쯤 도착할까요?(オンジェッチュm トチャカrッカヨ) といいます。

139

感謝する・労う

推しのため、ファンのため、日々懸命に働いている運営さんに一番伝えたいのは、感謝の気持ちです。

供給量が多すぎて幸せです。

466

떡밥이 너무 많아서 행복해요.

ットkパビ / ノム / マナソ / ヘンボケヨ

떡밥（ットkパッ）は元々釣り餌の一種で「練り餌」という意味。そこから「人々の関心を集める情報やコンテンツ」を意味するようになりました。너무（ノム）は「とても」、많아서（マナソ）は「多くて」、행복해요（ヘンボケヨ）は「幸せです」という意味。너무の代わりに정말（チョンマr）や진짜（チンッチャ）を使ってもいいです。

神コンテンツきた！

カッコンテンチュ トゥンジャン
갓컨텐츠　등장!

▶ 갓(カッ)は英語で「神」を意味するgodのことです。すばらしいことを表すときに単語の前につけます。

467

運営さん、仕事早い！

ウニョンジャ ニm イr チョリ　ッパルネヨ
운영자　님, 일 처리 빠르네요!

468

運営さん、優秀すぎる…

ウニョンジャ ニm チンッチャ ヌンニョkチェヨ
운영자　님, 진짜　능력자예요...

▶ 능력자(ヌンニョkチャ)「能力者」は、有能で優秀な人をほめるときによく使う言葉です。

469

運営、オタクの心わかってる…

ウニョンジニ　トkシムr チャ　ラネ
운영진이 덕심을 잘 아네...

▶ 덕심(トkシm)は、「オタク」を意味する덕(トk)と「心」の音読みである심(シm)を組み合わせてできた言葉。

470

運営に敏腕オタクいるよね？

ウニョンジネ　ッチンドkグガ　イッチョ
운영진에 찐덕후가 있지요?

471

運営さんに一生ついていきます。

ウニョンジャ ニm ピョンセン　ッタルゲッスmニダ
운영자　님 평생 따르겠습니다.

472

お疲れ様です。

スゴハショッスmニダ
수고하셨습니다.

473

あまり無理しないでくださいね。

ノム　ムリハジ　マセヨ
너무 무리하지 마세요.

474

カムバ前でお忙しい中、ありがとうございます！

475

コmベk チョニラ バッブr テンデ カmサハmニダ
컴백 전이라 바쁠 텐데 감사합니다!

▶ 감사합니다 (カmサハmニダ) は「感謝します」。目上の人に感謝を伝える、最も定番の表現。

良席が当たりました！　ありがとうございます！

476

チョウン ジャリ タンチョmドゥェッソヨ カmサガmサ
좋은 자리 당첨됐어요! 감사감사!

▶ 감사감사 (カmサガmサ) は「感謝」を2回繰り返した言葉。ネット発のスラングですが、最近は話し言葉でも使うように。

中止ではなく延期にしてくださり、ありがとうございます。

477

チュィソハジ アンコ ヨンギヘ ジュォソ カmサヘヨ
취소하지 않고 연기해 줘서 감사해요.

▶ 감사해요 (カmサヘヨ) は감사합니다 (カmサハmニダ) より少しくだけた丁寧語。

中止になった握手会の振替、ありがとうございます。

478

チュィソドゥェン アkスフェ チェゲ コマウォヨ
취소된　악수회 재개, 고마워요.

▶ 고마워요 (コマウォヨ) は親しい間柄やカジュアルな場面で使う、感謝の言葉。

いつもファンを楽しませてくれて、ありがとうございます。

479

ヌr ペヌr チュrゴpケ ヘ ジュォソ コマウォヨ
늘 팬을 즐겁게 해 줘서 고마워요.

日本のファンも大切にしてくれて、ありがとうございます。

480

イrボン ペンド ソジュンヒ ヨギョ ジュォソ カmサヘヨ
일본 팬도 소중히 여겨 줘서 감사해요.

日本語のハッシュタグをつけてくれて嬉しいです。

481

イロ ヘシテグルr タラ ジュォソ キッポヨ
일어 해시태그를 달아 줘서 기뻐요.

今回のコンセプト、最高です！

482

イボン コンセp チェゴ
이번 컨셉 최고!

▶ アルバムやグループの世界観を意味する「コンセプト」の正しい表記はコンセプト (コンセpト) ですが、컨셉 (コンセp) ともいいます。

142

今回のスタイリング、超イケてます！

イボン　スタイrリン　モッチm　ポkパリmニダ
이번 스타일링 멋짐 폭발입니다!

▶ 멋짐 폭발 (モッチm ポkパr) は直訳すると「かっこよさ爆発」になります。

これをサムネにするなんて、センスありすぎます！

イゴr　ソmネイrロ　ハダニ　センス　マンチョm
이걸 섬네일로 하다니 센스 만점!

グッズのデザインが進化してる！

クッチュ　ディジャイニ　チヌァヘッタ
굿즈 디자인이 진화했다!

ファンクラブ特典が届きました！　ありがとうございます！

ペンクrOp　キトゥガ　ワッソヨ　カmサガmサ
팬클럽 키트가 왔어요! 감사감사!

メンバー全員との再契約締結、ありがとうございます！

メmボ　チョヌォン　チェゲヤ　グァrリョ　カmサハムニダ
멤버 전원 재계약 완료, 감사합니다!

▶ 재계약 (チェゲヤk) は「再契約」、완료 (ワrリョ) は「完了」。

事務所のコメントにも愛があふれていてすばらしいです。

ソソkサ　イpチャンムンエド　エジョン　トゥmッpk　テダネヨ
소속사 입장문에도 애정 듬뿍, 대단해요.

▶ 입장문 (イpチャンムン) を漢字で書くと「立場文」。現在の状況について発表する公式な文書を意味します。

これからも○○（グループ名）をよろしくお願いします。

アプロド　チャr　プタカmニダ
앞으로도 ○○ 잘 부탁합니다.

○○（グループ名）をいっしょに世界へ連れていきましょう！

ルr　ウ　ハmッケ　セゲ　ムデロ　テリゴ　ガヨ
○○를/을 함께 세계 무대로 데리고 가요!

▶ 「〜を」などの韓国語の助詞は、前にくる言葉によって使い分けます。○○が母音で終わる（パッチムがない）場合は를（ルr）、子音で終わる（パッチムがある）場合は을（ウr）を使いましょう。

フォーマルなメールの書き方

運営に意見・要望を伝えるときや問い合わせをするときのために、フォーマルなメールの書き方を紹介します。

件名　　　　　　　　　グッズの交換依頼
제목 _{チェモk}　　　굿즈 교환 요청드립니다 ❶
クッチュ ギョファン ヨチョンドゥリmニダ

ご担当者さま
담당자 님 _{タmダンジャ ニm}

お世話になっております。▲▲と申します。
안녕하세요. ❷ 저는 ▲▲라고 / 이라고 합니다.
アンニョンハセヨ　チョヌン　ラゴ　イラゴ　ハmニダ

グッズに関してお伺いしたいことがあり、メールをお送りしました。
굿즈와 관련해 물어보고 싶은 것이 있어 메일을 보냅니다.
クッチュワ クァリョネ　ムロボゴ　シプン　ゴシ　イッソ メイルr ボネmニダ

x月xx日にオンラインショップで○○（アイドル名）のトレーディングカードを注文しました。
x 월 xx 일에 온라인 쇼핑몰에서 ○○ 트레이딩
ウォr　イレ　オンライン　ショピンモレソ　トゥレイディン
카드를 주문했습니다.
カドゥルr チュムネッスmニダ

しかし、1パック7枚入りのはずが、5枚しか入っていませんでした。
그런데 1 팩에 7 장짜리를 주문했는데 5 장밖에 없었습니다.
クロンデ ハン ペゲ イゴッチャッッチャリrl チュムネンヌンデ タソッチャンバッケ オpソッスmニダ

また、カードの表面に傷がついていました。
그리고 카드 앞면에 흠집이 있습니다.
クリゴ　カドゥ アmミョネ フmチビ イッスmニダ

新しい商品に交換していただけますでしょうか。
새 제품으로 교환해 주시기 바랍니다. ❸
セ ジェプムロ キョファネ ジュシギ バラmニダ

注文番号は xxxx-xxxxxx です。
주문 번호는 xxxx-xxxxxx 입니다.
チュムン ボノヌン　イmニダ

ご参考までに、届いた商品の写真を添付します。
참고로 배송 받은 제품 사진을 첨부합니다.
チャmゴロ ベソン バドゥン ジェプm サジンr　チョmブハmニダ

それでは、どうぞよろしくお願いいたします。
그럼 잘 부탁드리겠습니다. ❹
クロm チャr r ブタkトゥリゲッスmニダ

▲▲より
▲▲ 드림 _{トゥリm}

---

xxx-xxxx-xxxx
xxx@xxxmail.com
. . .

144

POINT

❶ 件名にはメールの目的を明確に書きましょう。依頼の場合は요청드립니다、問い合わせの場合は문의드립니다 _{ムニドゥリmニダ} と書くとよいです。

❷ メールの書き出しには「お世話になっております」の代わりに「こんにちは」を意味する안녕하세요 _{アンニョンハセヨ} を使います。名前を書くのも忘れずに。

❸ メールの内容はできる限り、要点を絞って簡潔に書きましょう。グッズに関する問い合わせの場合は、グッズの写真を添付するとやりとりがスムーズになります。

❹ メールの最後には、그럼 잘 부탁드리겠습니다 _{クロm チャr ブタkトゥリゲッスmニダ}「それでは、どうぞよろしくお願いいたします」や감사합니다 _{カmサハmニダ}「ありがとうございます」などと書きましょう。

6 장

韓国に行ったときに
役立つフレーズ

コンサートや演劇、スポーツの試合などの会場で、スタッフとの会話に役立つフレーズをまとめました。

会場のスタッフとやり取りする

当日券はまだありますか？

491

당일 티켓 아직 있어요?

タンイr　ティケッ　アジ　ギッソヨ

「当日券」は韓国語で당일 티켓（タンイr ティケッ）といいます。演劇やミュージカルの場合、当日券は割引されて安く買えることもあります。ちなみに「券」は권（クォン）ともいいますが、당일권（タンイrクォン）は遊園地の乗り物やサービスなどを利用するときに使う1日券を指します。

S席2枚ください。

492

エスソk トゥ ジャン ジュセヨ
S석 두 장 주세요.

⊙ チケットを買うときには固有数詞(→p.177)を使います。1枚は한 장 (ハン ジャン)、3枚は세 장 (セ ジャン) になります。

これは何の列ですか？

493

イゴン ムスン ジュリエヨ
이건 무슨 줄이에요?

ここが最後尾ですか？

494

ヨギガ チュr メン ックチエヨ
여기가 줄 맨 끝이에요?

この席はどこですか？

495

イ ジャリヌン オディエヨ
이 자리는 어디예요?

Wi-Fiは使えますか？

496

ワイバイ サヨンハr ス イッソヨ
Wi-Fi 사용할 수 있어요?

⊙ 「Wi-Fiのパスワードは何ですか?」はWi-Fi 비번이 뭐예요? (ワイバイ ピボニ ムォエヨ)。

お手洗いはどこですか？

497

ファジャンシリ オディエヨ
화장실이 어디예요?

⊙ 화장실 (ファジャンシr) の直訳は「化粧室」。

荷物を預けるところはありますか？

498

チm マッキヌン ゴシ イッソヨ
짐 맡기는 곳이 있어요?

写真を撮ってもいいですか？

499

サジヌr ッチゴド ドゥェヨ
사진을 찍어도 돼요?

⊙ -아/어도 돼요?(ア/オド ドゥェヨ)「〜してもいいですか?」は許可を求めるときに使います。

現地のファンと交流する

偶然隣の席になったファンと、ふとしたきっかけで会話が盛り上がるかも？

誰の ファンですか？

500

<ruby>누구<rt>ヌグ</rt></ruby> <ruby>팬이에요?<rt>ペニエヨ</rt></ruby>

名前のわからない初対面の人には「あなた」と言いたくなりますが、韓国語で「あなた」を意味する당신（タンシン）は、主に年配の夫婦のあいだで使われる言葉であり、こういった場面で使うのは不自然です。「あなた」をつけずに、例文のように話すのが自然。저기요（チョギヨ）「あのう、すみません」と切り出すのもよいでしょう。

501

私は○○のファンです。

チョヌン   ペニエヨ
저는 ○○ 팬이에요.

502

いつから応援しているのですか？

オンジェブト　ウンウォネッソヨ
언제부터 응원했어요?

503

私は5年前から応援しています。

チョヌン オニョン ジョンブト　ウンウォナゴ　イッソヨ
저는 5년 전부터 응원하고 있어요.

504

楽しみですね！

キデドゥエネヨ
기대되네요!

▶ 直訳は「期待されますね」。앞으로（アプロ）「これから」、너무（ノム）「とても」などを前につけたりします。

505

ドキドキしますね。

トゥグンドゥグナネヨ
두근두근하네요.

▶ -네요（ネヨ）「～ですね、～ますね」は感動や驚きを表す表現です。

506

帰りにお食事しませんか？

トラガヌン　ギレ　シkサラド　ハrッカヨ
돌아가는 길에 식사라도 할까요?

▶ 相手を誘うときは-(으)ㄹ까요?（（ウ）rッカヨ）「～しませんか？」を使います。

507

連絡先を交換しませんか？

ヨrラkチョ キョファナrッカヨ
연락처 교환할까요?

508

お話しできて楽しかったです。

イェギ　ナヌォソ　チュrゴウォッソヨ
얘기 나눠서 즐거웠어요.

観光する

これらのフレーズさえ覚えておけば、あとは身ぶり手ぶりでなんとかなる！

○○まで
どうやって行きますか？

509

○○까지 어떻게 가요?
ッカジ   オットケ   カヨ

韓国人が道を尋ねるときに最もよく使うフレーズです。-까지（〜ッカジ）は「〜まで」、어떻게（オットケ）は「どうやって」、가요（カヨ）は「行きます」という意味。親切な韓国人はたくさんいますので、地図やアプリを見てもたどり着けないときには、このように話しかけてみるのもよいかもしれません。

（タクシーの運転手に）○○までお願いします。

510
ツッカジ ブタカmニダ
○○까지 부탁합니다.

▶ 運転手を기사님（キサニm）と呼びながら、目的地の地図や住所を見せるとスムーズでしょう。

○○はどこですか？

511
ヌン ウン オディエヨ
○○는/은 어디예요?

▶ 「〜は」などの韓国語の助詞は、前にくる言葉によって使い分けます。○○が母音で終わる（パッチムがない）場合は는（ヌン）、子音で終わる（パッチムがある）場合は은（ウン）を使いましょう。

どこで乗り換えればいいですか？

512
オディエソ カラタミョン ドゥェヨ
어디에서 갈아타면 돼요?

▶ 韓国の路線図では、乗換駅に太極マークがついています。

これはいくらですか？

513
イゴン オrマエヨ
이건 얼마예요?

▶ 値段を尋ねるときは얼마나 해요（オrマナ ヘヨ）「いくらぐらいですか」もよく使います。

（飲食店にて）メニュー表をください。

514
メニュパン ジュセヨ
메뉴판 주세요.

▶ 最近は키오스크（キオスク）「セルフ注文の券売機」を使う店が増えています。

おすすめは何ですか？

515
チュチョン メニュヌン ムォエヨ
추천 메뉴는 뭐예요?

（店内で）食べていきます。

516
モkコ カrケヨ
먹고 갈게요.

持ち帰りにしてください。

517
ポジャンヘ ジュセヨ
포장해 주세요.

▶ 테이크아웃（テイクアウッ）「テイクアウト」よりも포장（ポジャン）「持ち帰り」のほうが一般的。포장は漢字で書くと「包装」。

韓国の交通・ショッピング事情

韓国ならではの交通・ショッピング事情と、便利なフレーズを紹介します。

初心者には地下鉄がオススメ

ソウルや釜山などの都市部を走る地下鉄は、5 〜 10 分間隔で運行しており、観光に便利です。路線バスもかなりの本数が運行しており、バス専用レーンのおかげで渋滞に巻き込まれることなく移動できますが、日本語の案内がないのが難点。慣れていない人には少しハードルが高いかも。

最寄りの駅はどこですか？

제일 가까운 역이 어디예요 ?
（チェイr カッカウン ニョギ オディエヨ）

. . . .

T-moneyカードはマストアイテム

韓国観光に欠かせないのが、韓国の交通系 IC カードである「T-money カード」。最初にカード代として 2,500 ウォン程度を払う必要はありますが、地下鉄やバスの料金が現金よりもお得になるほか、タクシーやコインロッカー、美術館などでも使うことができます。韓国に着いたらすぐに、空港内のコンビニで買うといいですよ。

T-money カードをください。

T-money 카드 주세요 .
（ティモニ カドゥ チュセヨ）

. . . .

知らなきゃ損！ タックスリファンド

外国人観光客が買い物で支払った金額のうち、付加価値税分が返金されるタックスリファンド。観光業に力を入れる韓国ではタックスリファンドが盛んで、即時還付の場合は最大約 6 ％の返金を受けることができます。「1 店舗あたりの購入金額が 3 万ウォン以上」などの条件があり、各店舗でパスポートを提示し、専用の書類と領収書を発行する必要があります。

タックスリファンド領収書を発行してください。

택스 리펀드 영수증 발급해 주세요 .
（テkス リポンドゥ ヨンスジュン バrグペ ジュセヨ）

※このコラムに記載した内容は、2022 年現在の情報です。
詳しい情報はホームページやガイドブックなどでご確認ください。

CHAPTER

7 장

教えて！

韓国エンタメ推し活エピソード

劇団雌猫 &
韓国エンタメ
オタクたちの座談会

韓国ならではのユニークな推し活文化は？　推しジャンルでよく使う韓国語は？　そんな疑問に答えてもらうべく、韓国を舞台に推し活を楽しむ3人のオタクの方々に集まってもらいました。本書を監修したオタク女子ユニット・劇団雌猫が、気になることをどんどん聞いていきます！

座談会に参加してくれた皆さん

カワウソさん　　ミドリガメさん　　ウサギさん

私たち、〇〇推しです！

——はじめまして！　まずは、自己紹介をお願いします。

カワウソ　私は13人組男性グループ・SEVENTEENをきっかけに、K-POPが好きになりました。最近は6人組男性グループ・ASTROのラキくんも推しています。この座談会の5日前に、2年半ぶりに韓国に行きました！

🐢 **ミドリガメ**　実は、私もSEVENTEENが大好きです！　母の影響で
SHINeeの楽曲を聴いて育ち、推しと韓国語で話したい一心で、韓国に交
換留学できる日本の大学に進学。コロナの影響で半年間の留学となりまし
たが、夢だった韓国での生活は、まるで天国のようでした。

🐰 **ウサギ**　私は2人とは違って、韓国のフィギュアスケート選手が好きで
す。元々10年以上、国内外のスケーターを応援しているのですが、2018
年の平昌五輪で韓国のスケーターにハマりまして…。それ以来、なかなか
日本のファンが行かないような、韓国の地方で開かれる大会にも遠征して
います（笑）

──CARAT（SEVENTEENのファンダム名）が2人いるとは驚きです！
三者三様の面白い話が聴けそう…！

推し活文化が街に溶け込む国・韓国

──早速ですが、韓国留学を経験されたというミドリガメさん、韓国での
暮らしの中で驚いたことはありますか？

🐢 **ミドリガメ**　日本国内の別界隈のオタクもやっている身として驚いたの
は、韓国では、推し活文化が日常生活の一部であるということです。例え
ば、韓国のアイドルファンの方って、推しの誕生日を祝うためにお金を出
し合い、カフェを貸し切ってカップホルダーを配布するイベントを実施し
たり、駅やバス停に広告を出したりしますよね。最近は日本のファンの方
もこうした取り組みを行っていますが、韓国では、アイドルオタクではな
い一般のお客さんも、イベント期間中のカフェを普通に利用したりとか、
日本だったら企業広告が掲示されるような場所に毎日アイドルの写真が出
ていたりとか、そういうのがすごく新鮮でした。

——確かに、日本ではまだあまり見られない光景かも。カワウソさんは、韓国の推し活文化に触れる中で、印象深かった出来事はありますか？

カワウソ　推しとファンの距離の近さでしょうか。コロナ前に渡韓した際に「スリル・ミー」というミュージカルを観たんです。日本の下北沢のような大学路（テハンノ）という演劇の街の、小劇場での公演だったのですが、終演後、会場の外に人だかりができていて。近くでその様子を見ていたら、主演の役者さんがすぐに裏口から出てきて、10分間ほどファンの方と話したり写真を撮ったりしていて、驚きました。

——まるでミニファンミのよう…！　ウサギさんのフィギュアスケート界隈はいかがですか？

ウサギ　韓国アイドルのファンには、イベントや移動中のアイドルの写真をプロ顔負けのカメラで撮影し、SNSやブログにアップする「マスター」と呼ばれる人がいますけど、スケーターファンにはマスター出身の方も多いんですよ。だから、スポーツカメラマンが撮ったものとは違う、アイドル並みに美しい写真を拝むことができます（笑）先ほど話に出た、誕生日広告やカップホルダーイベントを企画するファンもいます。

——アイドル界隈とスケーター界隈、共通点が多いんですね！

盛り上がる話題は「ジュン」や「サトミ」!?

——ミドリガメさんは、語学留学中にできた友だちはいますか？

ミドリガメ　寮で同室だった韓国人のオンニ（お姉さん）と仲良くなりました。オンニはタピオカ屋でバイトをしていて、先ほどお話しした、ファンによるアイドルの誕生日イベントが店で開かれるたび、写真を撮って見

せてくれました。BTSの誕生日イベントのときは、忙しすぎて大変だったと言っていました。

——誕生日イベントの裏には、店員さんたちの支えが…！　やっぱり、韓国人の友だちとは、アイドルの話題で盛り上がるのでしょうか？

🐢 ミドリガメ　いや、それが違いまして。私自身も意外だったんですけど、自分が日本人だからか、現地のカルチャーについて話すよりも、日本のカルチャーについて聞かれることのほうが多かったんですよね。当時、留学先では日本のドラマ「失恋ショコラティエ」が流行っていたらしく、松本潤さんや石原さとみさんが大人気でした。飲み会に行くたび「ジュン知ってる？」「サトミ知ってる？」と質問攻めに遭いました（笑）

——韓国では、日本のドラマ「孤独のグルメ」が大人気という話も聞いたことがあります。日本で韓国の作品が支持されているように、韓国で日本の作品が知られているのは嬉しいですね。
ウサギさんも、韓国人のスケーターファンの方とお話しする機会はありますか？

🐰 ウサギ　はい。SNS上で日本、韓国それぞれのコンテンツを互いにシェアすることもありますし、欧米で開かれる試合で、韓国から応援に来ている方を見つけると、同じアジアから来た者同士親近感がわいて、いっしょに試合を見ることもあります。
韓国のリンクでは、ファン同士、カイロを交換するのが定番です。ただでさえ気温の低い韓国で、長時間リンクにいるのは本当に寒いので、カイロをあげると喜ばれます（笑）

——スケーターファンならではのソンムル（オタク同士のプレゼント）ですね！

アイドルの造語はファンの絆を深める合言葉

——それぞれのジャンルでよく使う韓国語フレーズを知りたいです。

（カワウソ） 推しである SEVENTEEN・ジュンとのヨントン（ビデオ通話会）では、「〇〇 불러 주세요!」（〇〇歌ってください！）、「준의 노랫소리가 너무 좋아요」（ジュンの歌声が大好きです）と書いたボードを用意しました。いろいろな翻訳サイトを使ってなんとか訳したのですが、正しい訳なのかわからないまま、不安な気持ちで本番に臨みました。ジュンが一生懸命このフレーズを読み上げてくれて、歌を歌ってくれたときは本当に嬉しくて。あの瞬間は、推しと私だけの、世界一貴重な単独コンサートでした（泣）

——オタクにとって超幸せな、贅沢な空間ですね…！　ボードを用意する行動力が素敵です。

（ミドリガメ） 一般的なフレーズを覚えるのも大事ですけど、推しが流行らせた造語を使うのも楽しいですよ。例えば、SEVENTEENのジョンハンが生み出した「신기방기 뿡뿡방기」という言葉は、アイドルオタクのあいだで有名です。「すごく不思議だ」という意味で使われるのですが、V LIVEやWeverseといったプラットフォームを通じて、瞬く間に他のK-POPアイドルにも広がりました。

（カワウソ） それもあったか！（笑）アイドルの造語といえば、ASTROのムンビンがつくった「오하고」は「오늘 하루도 고생했어요」の略で、「今日もお疲れ様でした」という意味で使われます。こういうアイドル発の言葉を使うと、ファンのあいだでの仲間意識が高まります。

——ファンだけの合言葉っていう感じで楽しそう！

ウサギ　スケートの場合、ありきたりかもしれませんが、選手を応援する
ときに「파이팅（パイティン）」とよく叫びますね。選手の写真を撮るときには、「かわ
いい」を意味する「귀여워（クィヨウォ）」って言いまくっちゃいます！

——クィヨウォ、響きがかわいい…！　どちらも便利なフレーズですね。

生きた韓国語を学ぶにはバラエティ番組がオススメ

——皆さん、推し活のために韓国語を学習されているとのことですが、オ
ススメの学習法は何でしょうか？

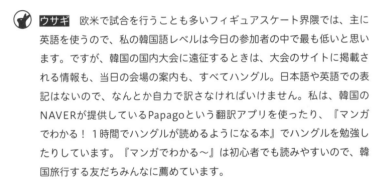 **ウサギ**　欧米で試合を行うことも多いフィギュアスケート界隈では、主に
英語を使うので、私の韓国語レベルは今日の参加者の中で最も低いと思い
ます。ですが、韓国の国内大会に遠征するときは、大会のサイトに掲載さ
れる情報も、当日の会場の案内も、すべてハングル。日本語や英語での表
記はないので、なんとか自力で訳さなければいけません。私は、韓国の
NAVERが提供しているPapagoという翻訳アプリを使ったり、『マンガ
でわかる！ 1時間でハングルが読めるようになる本』でハングルを勉強し
たりしています。『マンガでわかる〜』は初心者でも読みやすいので、韓
国旅行する友だちみんなに薦めています。

 カワウソ　**ミドリガメ**　私もPapago愛用してます！

——前作の『推し活英語』ではGoogle翻訳が支持されていましたが、言
語が変わると人気アプリもまた変わるんですね。

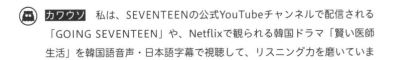 **カワウソ**　私は、SEVENTEENの公式YouTubeチャンネルで配信される
「GOING SEVENTEEN」や、Netflixで観られる韓国ドラマ「賢い医師
生活」を韓国語音声・日本語字幕で視聴して、リスニング力を磨いていま

す。実際に渡韓すると、韓国人の店員さんの早いスピードの会話を聞き取れないことが多くて…。生きた韓国語を学ぶようにしています。

🐢 ミドリガメ 聞き取りは本当に難しいですよね…。私も半年間の留学から帰ってきて、読み書きの力は維持できているのですが、会話力がぐんと落ちてしまいました。それでもいつか、本国のサイン会で推しと韓国語でしゃべりたいという夢があるので、勉強を続けています。オススメコンテンツは、韓国のバラエティ番組「私たち結婚しました」のグローバル編。芸能人同士が仮想結婚し、いっしょに生活をするという番組なのですが、韓国人であるSHINeeのキーくんと、日本人のモデル・八木アリサちゃんカップルの回は相互翻訳がついているので、韓国語学習に役立ちます。

──ドラマやバラエティ番組は、作品として楽しめるうえに生きた韓国語も学べるので、一石二鳥ですよね。

まだまだ渡韓のハードルは高いけど…

──最後に、推し活や語学に取り組む同志として、読者の皆さんに一言お願いします。

🦦 カワウソ 先日2年半ぶりに渡韓しましたが、ビザなし観光がまだ再開していない時期に準備を始めたので、ビザ取得の手続きに苦労するわ、円安の影響で航空券も宿泊料も値上がりしているわで大変でした。でも、現地で推しのASTRO・ラキの初主演ミュージカルを観たとき、今までの苦労がすべて報われたと思いました。以前より、旅先で韓国語が通じたのも嬉しかった。渡韓を迷っている人は、現地の感染状況をしっかりと確認し、対策をしたうえで、ぜひ行ってみてほしいです。

🐰 ウサギ 海外のファンが韓国の国内大会にまで遠征するなんて、現地の

ファンにどう思われるのかな…と最初は不安に感じていましたが、韓国の方はとても親切で、仲良くしてくれます。コロナ禍により、推したちは2年以上ものあいだ、選手としての活動を一部制限されてしまいました。自分自身後悔しないよう、いつ、どこにいても、全力で推しを応援していきましょう。

ミドリガメ 留学時の体験を中心に話しましたが、私が韓国語の基礎を習得したのは留学前です。きっと日本にいながらにしても韓国語は学べる、それがいつか推しとのコミュニケーションに役立つと信じています。

──勇気づけられるメッセージ、ありがとうございました！

（収録：2022年9月）

※韓国の新型コロナウイルス感染状況やビザ・為替等の情報は、すべて座談会収録当時の内容です。
渡航にあたっては、外務省や駐日韓国大使館等のホームページで最新の情報をご確認ください。

100人のオタクに
聞いてみた

韓国エンタメ推し活事情

座談会でお話を聞かせてくれた3人の方々の他にも、日韓の100人以上の
オタクの方々にアンケートに協力してもらいました。推し活に便利なネット
サービスから、国境を越えたオタク同士の胸熱エピソードまで、個性あふ
れる回答を紹介します！ （2022年6〜10月、Web上でアンケートを実施。計120人が回答）

 韓国の文化の中で、あなたが応援・
熱中しているものを教えてください。

（複数回答可）

最多は「アイドル・アーティスト」（23%）。次いで「映画・ドラ
マ」（21%）、「コスメ・ファッション」（13%）、「俳優」「フード・
スイーツ」（12%）が並びます。「その他」の内訳も「手品（マ
ジック）」や「ラジオ」など多彩でした！

ジャンル	人	ジャンル	人
アイドル・アーティスト	96	アート	14
映画・ドラマ	89	漫画・アニメ	13
コスメ・ファッション	53	ミュージカル	10
俳優	49	お笑い	5
フード・スイーツ	49	ゲーム	4
文学（詩・小説・エッセイなど）	25	その他	12

Q. あなたの推しジャンルで盛り上がる
ネットサービスは何ですか？

推しとチャットが楽しめる!?　ファン限定 SNS

最多の票を集めたのは、K-POP アーティストの投稿や配信を
見られる Weverse、bubble、UNIVERSE といったプラット
フォーム。2022 年現在、HYBE 所属の BTS は Weverse、JYP
Entertainment 所属の TWICE は bubble などと、アーティス
トの所属事務所によってプラットフォームがわかれています。
推しと個別にチャットをしているような感覚を楽しめるのが特
徴で、運がよいと本当に返事がもらえることもあるのだとか。

日本語にも対応！　チケット販売サイト

韓国国内のイベントやコンサートのチケットを韓国国外の
ファンも定価で購入できるサイトはいくつかありますが、そ
の中で支持が根強かったのが、日本語に対応している global
INTERPARK。韓国のインターネットショッピング専門企業
Interpark が運営しています。争奪戦に勝ち抜き、俳優のファ
ンミーティングのチケットを global INTERPARK で取った、
というエピソードも！

韓国語学習にオススメのコンテンツ

座談会で紹介した翻訳アプリ・Papago に加え、NAVER 辞書
を使って韓国語を日本語に訳している方や、推しの Vlog を
YouTube で観て韓国語を勉強している方、さらには韓国の公共
放送局 KBS の無料アプリ「KBS KONG」でラジオ番組を聞いて、
韓国語のリスニング力を鍛えているという方もいました。

Q. 韓国の推しとの交流経験がある方は、そのエピソードを教えてください。

ぱんださん

韓国で行われた映画の舞台挨拶で、好きな俳優さんに日韓ファンクラブ代表として花束を渡した。こんなに近くで会えるんだ…と感動。

あやかさん

韓国のサイン会に参加。推しが私を覚えてくれていて、「いつ韓国に来たの？」「いつ日本に帰るの？」と気にかけてくれた。

もかさん

コンサートで最前列に。自作のデコうちわを持っていたところ、ファンサービスをもらえた！

jisokoさん

推しが年末のドラマ大賞にエントリーされるであろうと思い、急遽ソウルへ。会場の出待ちで手を振ってもらえた。

スカスカさん

ヨントンで「○○ちゃん！　今日もお疲れ様」と言ってもらえた。そのおかげで仕事頑張れてます。

きゃわさん

ヨントンで、私が韓国語で話しても、相手が気を遣って日本語で話してくれるという現象はあるあるかもしれないです。モーニングコールを頼んだら、「일어나」じゃなく「起きて〜」と言われました（笑）

こむさん

Weverseでリアルタイムで配信を見ていたときに、何度か自分のコメントが拾われて、それに答えてもらえた。ただし、リアルタイム配信には字幕がつかないので、韓国語がある程度できないと、推しが反応してくれたことにすら気がつけない。勉強するしかない…。

Q.

韓国のオタク（あるいは日本のオタク）との 交流経験がある方は、そのエピソードを 教えてください。

つにゅさん

韓国語がまだわからなかったころ、一人でソウルコンに参戦。コンサート終盤で推しが舞台上で足をけがするハプニングがあった。足を引きずりパフォーマンスする様子が心配でたまらず、最後の MC で状況を話しているようだったがわからなくて泣きながら見ていたら、隣の韓国人のファンが英語に訳して教えてくれ、「大丈夫だから安心して」と。思いがけない優しさに触れ、韓国語を学ぼうと本気で決意した。

れこさん

私は今 30 代なのですが、韓国の若者のあいだで平成初期のころの日本の文化・トレンドが最近めちゃくちゃ人気なので、一周回って話がすごく合います！（笑）

keiさん

オンラインゲーム内で、韓国のプレイヤーとやり取りし、交友関係が生まれた。

韓国出身
コンチュリ
컨 쥬리さん

コンサート会場がとても寒かったので、隣の席に座っていた日本人ファンといっしょに毛布を掛け合った。

韓国出身
GirlFromMars
さん

俳優チュ・ジフン出演のミュージカルを観に行き、日本から来たファンと、コーヒーを飲みながら話した。

韓国出身
ッチャン イブ
짱 이브さん

推しの 6 人組女性グループ・IVE について、日本のファンと Twitter で情報交換をしている。

韓国出身
ファファァ
화화さん

アニメ「名探偵コナン」を観て、気になる単語が出てくると、日本人の友だちに確認する。

推し活のため韓国を訪れた経験がある方は、印象に残っていることを教えてください。

佐づ子さん

BTSが朝日を見に登った山に夕焼けを見に行き、案の定真っ暗になって立ち往生していたところを、ご近所のおばあさんに助けられ、駅のホームまで手を引いてもらった。

渚さん

推しが練習生時代に通っていた食堂に行き、実際に彼らが座っていた席で、当時彼らがよく頼んでいたメニューを食べた。時空を超えて推しとつながれた気がして、感動した。

エリーさん

アイドルやその家族が経営する店も、韓国では聖地として知られています。かつて、東方神起の元メンバー・ジェジュンが経営していたカフェや、元メンバー・ジュンスのお父さんが経営していたピザ屋さんに行きました。

まいさん

韓国の南に位置する光州のサイン会に行き、次の日の始発のKTX（韓国高速鉄道）で韓国の北に位置するソウルに戻り、音楽番組の事前収録に参加した。韓国を縦断した。

アンディGさん

コンサート会場でなぜか記者に間違えられ、練習生の子に挨拶されてしまった。のちに、その子がデビューしたことをテレビで知り、感慨深かった。

イチさん

韓国時代劇ドラマに出てくる王宮の雰囲気を味わうため、景福宮、昌徳宮、徳寿宮を巡りました。ドラマのワンシーンがありありと目に浮かびました。

韓国語の基本

ハングルとは

「ハングル」とは、韓国語を表記するときに使う文字のことです。ローマ字と似ていて、子音（k, s, t, n…）と母音（a, i, u, e, o…）を組み合わせて文字を作ります。一つの文字は基本的に「子音＋母音」の組み合わせですが、さらにもう一つ子音がつく場合があります。この最後にくる子音のことを「パッチム」といいます。

「子音＋母音」の組み合わせ

① 横並び

母音の縦棒が長いときは、子音の右に母音を書きます。

ka

② 縦並び

母音の横棒が長いときは、子音の下に母音を書きます。

so

「子音＋母音＋子音」の組み合わせ

① 横並び+パッチム

パッチムは「子音＋母音」の下に書きます。

pang

② 縦並び+パッチム

パッチムは「子音＋母音」の下に書きます。

chun

母音は2種類

ハングルの母音には、「基本母音」と呼ばれるものが10個と、それらを組み合わせて作られた「合成母音」と呼ばれるものが11個あります。母音だけでは文字として完成しないので、無音を表す子音「ㅇ」と組み合わせて発音を確認しましょう。

基本母音

基本母音	子音「ㅇ」と組み合わせると…		
ㅏ	아	a	日本語の「ア」の発音。
ㅑ	야	ya	日本語の「ヤ」の発音。
ㅓ	어	eo	唇は日本語の「ア」の形にし、「オ」と発音。
ㅕ	여	yeo	唇は日本語の「ヤ」の形にし、「ヨ」と発音。
ㅗ	오	o	唇を丸くすぼめて、「オ」と発音。
ㅛ	요	yo	唇を丸くすぼめて、「ヨ」と発音。
ㅜ	우	u	唇を丸くすぼめて、「ウ」と発音。
ㅠ	유	yu	唇を丸くすぼめて、「ユ」と発音。
ㅡ	으	eu	唇は日本語の「イ」の形にし、「ウ」と発音。
ㅣ	이	i	日本語の「イ」の発音。

合成母音

合成母音	子音「ㅇ」と組み合わせると…		
ㅐ	애	ae	日本語の「エ」の発音。
ㅒ	얘	yae	日本語の「イェ」の発音。
ㅔ	에	e	日本語の「エ」の発音。애との発音の違いはほとんどない。
ㅖ	예	ye	日本語の「イェ」の発音。얘との発音の違いはほとんどない。
ㅘ	와	wa	日本語の「ワ」の発音。唇を丸めてから素早く「ア」に開くのがポイント。
ㅙ	왜	wae	日本語の「ウェ」の発音。
ㅚ	외	oe	日本語の「ウェ」の発音。
ㅝ	워	wo	日本語の「ウォ」の発音。唇を丸めてから素早く「オ」に開くのがポイント。
ㅞ	웨	we	日本語の「ウェ」の発音。왜、외、웨の発音の違いはほとんどない。
ㅟ	위	wi	日本語の「ウィ」の発音。
ㅢ	의	ui	唇を横に引いたまま「ウィ」と発音。

子音は3種類

ハングルの子音には、基本となる「平音」10個と、「激音」が4個、「濃音」が5個あります。子音だけでは文字として完成しないので、母音「ㅏ（a）」と組み合わせて発音を確認しましょう。

平音 「ㄱ,ㄷ,ㅂ,ㅈ」は、単語の2文字目以降にくると、音が濁る場合もあります。

平音	母音「ㅏ（a）」と組み合わせると…		
ㄱ	가	ka/ga	日本語の「カ（ka）」、単語の2文字目以降などでは「ガ（ga）」の発音。
ㄴ	나	na	日本語の「ナ（na）」の発音。
ㄷ	다	ta/da	日本語の「タ（ta）」、単語の2文字目以降などでは「ダ（da）」の発音。
ㄹ	라	ra	日本語の「ラ（ra）」の発音。
ㅁ	마	ma	日本語の「マ（ma）」の発音。
ㅂ	바	pa/ba	日本語の「パ（pa）」、単語の2文字目以降などでは「バ（ba）」の発音。
ㅅ	사	sa	日本語の「サ（sa）」の発音。
ㅇ	아	a	日本語の「ア（a）」の発音。
ㅈ	자	cha/ja	日本語の「チャ（cha）」、単語の2文字目以降などでは「ジャ（ja）」の発音。
ㅎ	하	ha	日本語の「ハ（ha）」の発音。

激音 平音より息を強く出して発音します。

激音	母音「ㅏ（a）」と組み合わせると…		
ㅋ	카	kha	日本語の「カ（ka）」の発音。息をたくさん出す。
ㅌ	타	tha	日本語の「タ（ta）」の発音。息をたくさん出す。
ㅍ	파	pha	日本語の「パ（pa）」の発音。息をたくさん出す。
ㅊ	차	chha	日本語の「チャ（cha）」の発音。息をたくさん出す。

濃音 息を飲み込むような感じで発音します。
文字の前に小さい「ッ」があると思うといいでしょう。

濃音	母音「ㅏ（a）」と組み合わせると…		
ㄲ	까	kka	日本語の「ッカ（kka）」の発音。
ㄸ	따	tta	日本語の「ッタ（tta）」の発音。
ㅃ	빠	ppa	日本語の「ッパ（ppa）」の発音。
ㅆ	싸	ssa	日本語の「ッサ（ssa）」の発音。
ㅉ	짜	ccha	日本語の「ッチャ（ccha）」の発音。

パッチムとは

韓国語で「パッチム」は「下敷き」という意味です。「子音＋母音＋子音」で構成される文字の最後の「子音」のことで、文字の中ではまさに下敷きの場所に位置し、発音が終わるときの口の形を決めます。パッチムとして使う子音はたくさんありますが、発音は「ㄱ, ㄴ, ㄷ, ㄹ, ㅁ, ㅂ, ㅇ」の7つのみです。

基本母音

パッチム	発音	아 (a) にパッチムをつけると…			
ㄱ, ㄲ, ㅋ	ㄱ[k]	악	アk	「三日（ミッカ）」の「カ」を言わずに、息を止めます。口は閉じません。	
ㄴ	ㄴ[n]	안	アン	「みんな（ミンナ）」の「ン」の発音です。口は閉じません。	
ㄷ, ㅅ, ㅆ, ㅈ, ㅊ, ㅌ, ㅎ	ㄷ[t]	앋	アッ	「買った（カッタ）」の「タ」を言わず、息を止めます。口は閉じません。	
ㄹ	ㄹ[l/r]	알	アr	「丸（マル）」の「ル」を「ウ」まで言わず、止めます。口は閉じません。ネイティブスピーカーの多くは[l]と[r]の音を意識的に使い分けていないため、本書の発音表記では[r]に統一しています。	
ㅁ	ㅁ[m]	암	アm	「サンマ」の「ン」の発音です。口をしっかり閉じるのがポイントです。	
ㅂ, ㅍ	ㅂ[p]	압	アp	「葉っぱ（ハッパ）」の「パ」を言わず、息を止めます。口をしっかり閉じるのがポイントです。	
ㅇ	ㅇ[ng]	앙	アン	「漫画（マンガ）」の「ガ」を言わず、止めます。口は閉じません。	

パッチムを二つ重ねる「二重パッチム」もありますが、二つのパッチムのうち、一つのパッチムの音しか発音しません。

前の子音を発音するパッチム		
パッチム	発音	
ㄳ	ㄱ	k
ㄵ, ㄶ	ㄴ	n
ㄼ, ㄽ, ㄾ, ㅀ	ㄹ	r
ㅄ	ㅂ	p

後の子音を発音するパッチム		
パッチム	発音	
ㄺ	ㄱ	k
ㄻ	ㅁ	m
ㄿ	ㅍ	p

ハングル一覧表

基本の母音

	ㅏ	ㅑ	ㅓ	ㅕ	ㅗ	ㅛ	ㅜ	ㅠ	ㅡ	ㅣ
発音	ア	ヤ	オ	ヨ	オ	ヨ	ウ	ユ	ウ	イ
ㄱ	가	갸	거	겨	고	교	구	규	그	기
[k/g]	カ	キャ	コ	キョ	コ	キョ	ク	キュ	ク	キ
ㄴ	나	냐	너	녀	노	뇨	누	뉴	느	니
[n]	ナ	ニャ	ノ	ニョ	ノ	ニョ	ヌ	ニュ	ヌ	ニ
ㄷ	다	댜	더	뎌	도	됴	두	듀	드	디
[t/d]	タ	ティャ	ト	ティョ	ト	ティョ	トゥ	ティュ	トゥ	ティ
ㄹ	라	랴	러	려	로	료	루	류	르	리
[l/r]	ラ	リャ	ロ	リョ	ロ	リョ	ル	リュ	ル	リ
ㅁ	마	먀	머	며	모	묘	무	뮤	므	미
[m]	マ	ミャ	モ	ミョ	モ	ミョ	ム	ミュ	ム	ミ
ㅂ	바	뱌	버	벼	보	뵤	부	뷰	브	비
[p/b]	バ	ビャ	ポ	ビョ	ポ	ビョ	ブ	ビュ	ブ	ビ
ㅅ	사	샤	서	셔	소	쇼	수	슈	스	시
[s]	サ	シャ	ソ	ショ	ソ	ショ	ス	シュ	ス	シ
ㅇ	아	야	어	여	오	요	우	유	으	이
[無音/ng]	ア	ヤ	オ	ヨ	オ	ヨ	ウ	ユ	ウ	イ
ㅈ	자	쟈	저	져	조	죠	주	쥬	즈	지
[ch/j]	チャ	チャ	チョ	チョ	チョ	チョ	チュ	チュ	チュ	チ
ㅎ	하	햐	허	혀	호	효	후	휴	흐	히
[h]	ハ	ヒャ	ホ	ヒョ	ホ	ヒョ	フ	ヒュ	フ	ヒ
ㅊ	차	챠	처	쳐	초	쵸	추	츄	츠	치
[chh]	チャ	チャ	チョ	チョ	チョ	チョ	チュ	チュ	チュ	チ
ㅋ	카	캬	커	켜	코	쿄	쿠	큐	크	키
[kh]	カ	キャ	コ	キョ	コ	キョ	ク	キュ	ク	キ
ㅌ	타	탸	터	텨	토	툐	투	튜	트	티
[th]	タ	ティャ	ト	ティョ	ト	ティョ	トゥ	ティュ	トゥ	ティ
ㅍ	파	퍄	퍼	펴	포	표	푸	퓨	프	피
[ph]	バ	ビャ	ポ	ビョ	ポ	ビョ	ブ	ビュ	ブ	ピ
ㄲ	까	꺄	꺼	껴	꼬	꾜	꾸	뀨	끄	끼
[kk]	ッカ	ッキャ	ッコ	ッキョ	ッコ	ッキョ	ック	ッキュ	ック	ッキ
ㄸ	따	땨	떠	뗘	또	뚀	뚜	뜌	뜨	띠
[tt]	ッタ	ッティャ	ット	ッティョ	ット	ッティョ	ットゥ	ッティュ	ットゥ	ッティ
ㅃ	빠	뺘	뻐	뼈	뽀	뾰	뿌	쀼	쁘	삐
[pp]	ッバ	ッビャ	ッポ	ッビョ	ッポ	ッビョ	ップ	ッビュ	ップ	ッピ
ㅆ	싸	쌰	써	쎠	쏘	쑈	쑤	쓔	쓰	씨
[ss]	ッサ	ッシャ	ッソ	ッショ	ッソ	ッショ	ッス	ッシュ	ッス	ッシ
ㅉ	짜	쨔	쩌	쪄	쪼	쬬	쭈	쮸	쯔	찌
[jj]	ッチャ	ッチャ	ッチョ	ッチョ	ッチョ	ッチョ	ッチュ	ッチュ	ッチュ	ッチ

合成母音

	ㅐ	ㅒ	ㅔ	ㅖ	ㅘ	ㅙ	ㅚ	ㅝ	ㅞ	ㅟ	ㅢ
発音	エ	イェ	エ	イェ	ワ	ウェ	ウェ	ウォ	ウェ	ウィ	ウィ
ㄱ	개	걔	게	계	과	괘	괴	궈	궤	귀	긔
[k/g]	ケ	キェ	ケ	キェ	クァ	クェ	クェ	クォ	クェ	クィ	キ
ㄴ	내	냬	네	녜	놔	놰	뇌	눠	눼	뉘	늬
[n]	ネ	ニェ	ネ	ニェ	ヌァ	ヌェ	ヌェ	ヌォ	ヌェ	ヌィ	ニ
ㄷ	대	댸	데	뎨	돠	돼	되	둬	뒈	뒤	듸
[t/d]	テ	ティェ	テ	ティェ	トゥァ	トゥェ	トゥェ	トゥォ	トゥェ	トゥィ	ティ
ㄹ	래	럐	레	례	롸	뢔	뢰	뤄	뤠	뤼	릐
[l/r]	レ	リェ	レ	リェ	ルァ	ルェ	ルェ	ルォ	ルェ	ルィ	リ
ㅁ	매	먜	메	몌	뫄	뫠	뫼	뭐	뭬	뮈	믜
[m]	メ	ミェ	メ	ミェ	ムァ	ムェ	ムェ	ムォ	ムェ	ムィ	ミ
ㅂ	배	뱨	베	볘	봐	봬	뵈	붜	붸	뷔	븨
[p/b]	ベ	ビェ	ベ	ビェ	ブァ	ブェ	ブェ	ブォ	ブェ	ブィ	ビ
ㅅ	새	섀	세	셰	솨	쇄	쇠	숴	쉐	쉬	싀
[s]	セ	シェ	セ	シェ	スァ	スェ	スェ	スォ	スェ	スィ	シ
ㅇ	애	얘	에	예	와	왜	외	워	웨	위	의
[無音/ng]	エ	イェ	エ	イェ	ワ	ウェ	ウェ	ウォ	ウェ	ウィ	ウィ
ㅈ	재	쟤	제	졔	좌	좨	죄	줘	줴	쥐	즤
[ch/j]	チェ	チェ	チェ	チェ	チュァ	チュェ	チュェ	チュォ	チュェ	チュィ	チ
ㅎ	해	햬	헤	혜	화	홰	회	훠	훼	휘	희
[h]	ヘ	ヒェ	ヘ	ヒェ	ファ	フェ	フェ	フォ	フェ	フィ	ヒ
ㅊ	채	챼	체	쳬	촤	쵀	최	춰	췌	취	츼
[chh]	チェ	チェ	チェ	チェ	チュァ	チュェ	チュェ	チュォ	チュェ	チュィ	チ
ㅋ	캐	컈	케	켸	콰	쾌	쾨	쿼	퀘	퀴	킈
[kh]	ケ	キェ	ケ	キェ	クァ	クェ	クェ	クォ	クェ	クィ	キ
ㅌ	태	턔	테	톄	톼	퇘	퇴	퉈	퉤	튀	틔
[th]	テ	ティェ	テ	ティェ	トゥァ	トゥェ	トゥェ	トゥォ	トゥェ	トゥィ	ティ
ㅍ	패	퍠	페	폐	퐈	퐤	푀	풔	풰	퓌	픠
[ph]	ペ	ピェ	ペ	ピェ	プァ	プェ	プェ	プォ	プェ	プィ	ピ
ㄲ	깨	꺠	께	꼐	꽈	꽤	꾀	꿔	꿰	뀌	끠
[kk]	ッケ	ッキェ	ッケ	ッキェ	ックァ	ックェ	ックェ	ックォ	ックェ	ックィ	ッキ
ㄸ	때	떄	떼	뗴	똬	뙈	뙤	뚸	뛔	뛰	띄
[tt]	ッテ	ッティェ	ッテ	ッティェ	ットゥァ	ットゥェ	ットゥェ	ットゥォ	ットゥェ	ットゥィ	ッティ
ㅃ	빼	뺴	뻬	뼤	빠	뽸	뾔	뿨	쀄	쀠	쁴
[pp]	ッペ	ッピェ	ッペ	ッピェ	ップァ	ップェ	ップェ	ップォ	ップェ	ップィ	ッピ
ㅆ	쌔	썌	쎄	쎼	쏴	쐐	쐬	쒀	쒜	쒸	씌
[ss]	ッセ	ッシェ	ッセ	ッシェ	ッスァ	ッスェ	ッスェ	ッスォ	ッスェ	ッスィ	ッシ
ㅉ	째	쨰	쩨	쪠	쫘	쫴	쬐	쭤	쮀	쮜	찍
[jj]	ッチェ	ッチェ	ッチェ	ッチェ	ッチュァ	ッチュェ	ッチュェ	ッチュォ	ッチュェ	ッチュィ	ッチ

発音の変化

韓国語は、ハングル表記どおりに発音するとは限りません。パッチムにより音が変化するなどの理由のためです。発音の変化にはいくつかの法則がありますが、ここでは代表的なものを紹介します。基本となる法則を知ったら、あとはその都度学んでいくのがいいでしょう。

① 有声音化

子音の「ㄱ[k], ㄷ[t], ㅂ[p], ㅈ[ch]」が母音と母音のあいだ、あるいは、パッチムの「ㄴ, ㄹ, ㅁ, ㅇ」と母音のあいだにある場合、「ㄱ[g], ㄷ[d], ㅂ[b], ㅈ[j]」のように濁って発音します。

例 アイドル	아이돌	ア+イ+ㅏr a + i + tor	→	アイドr aidor
例 勉強	공부	コン+プ kong + pu	→	コンブ kongbu

② 連音化

パッチムの後ろに「ㅇ」がついた文字が続くときは、パッチムの音が「ㅇ」の部分に入り込んで発音されます。

例 新人	신인	→	シン 신 sin	+	イン 인 in	→ シニン 시닌 sinin
例 音楽	음악	→	ウm 음 um	+	アk 악 ak	→ ウマk 으막 umak

③ 鼻音化

パッチム「ㄱ[k], ㄷ[t], ㅂ[p]」の後ろに「ㄴ[n], ㅁ[m]」が続くときは、それぞれ「ㅇ[ng], ㄴ[n], ㅁ[m]」と発音します。

オタ友	トk+メ 덕메 tok + me	→	トンメ 덩메 tongme	します	ハp+ニ+タ 합니다 hap + ni + ta	→ ハmニダ 함니다 hamnida

④ 激音化

パッチム「ㄱ,ㄷ,ㅂ,ㅈ」の前後に「ㅎ」が続くときは、そのパッチムの激音である「ㅋ,ㅌ,ㅍ,ㅊ」と発音します。

例 良い	チョッ+タ **좋다** chot + ta	➡	チョタ **조타** chotha
例 オタク	ㅏk+フ **덕후** tok + hu	➡	トク **더쿠** tokhu

⑤ 流音化

パッチム「ㄴ」の後ろに「ㄹ」が続くとき、もしくは、パッチム「ㄹ」のあとに「ㄴ」が続くときは、「ㄴ」を「ㄹ」に変えて発音します。

例 観覧	クァン+ラm **관람** kwan + ram	➡	クァrラm **괄람** kwarram
例 一年	イr+ニョン **일년** ir + nyeon	➡	イrリョン **일련** irryeon

⑥ 「ㅎ」の無音化

パッチムの「ㅎ」は基本的に「t」と発音しますが、後ろに母音が続くときは発音しません。また、子音の「ㅎ」は基本的に「h」と発音しますが、前にパッチム「ㄴ,ㄹ,ㅁ,ㅇ」がくるときは、「ㅎ」の音はなくなり、連音化する傾向があります。

例 良いです	チョッ+ア+ヨ **좋아요** chot + a + yo	➡	チョアヨ **조아요** choayo
例 サイン会	サ+イン+フェ **사인회** sa + in + hwoe	➡	サイヌェ **사이뇌** sainwoe

漢数詞

韓国語の数の表し方は、漢数詞と固有数詞の2種類にわけられます。漢数詞は「1, 2, 3…」のようにアラビア数字で表記します。主に、年・月・日・分・秒、値段、電話番号、部屋番号、身長、体重などに使います。

0	공/영	コン／ヨン		5	오	オ
1	일	イr		6	육(륙)	ユk(リュk)
2	이	イ		7	칠	チr
3	삼	サm		8	팔	パr
4	사	サ		9	구	ク

※「0」の読み方は2つありますが、数字の羅列（電話番号など）を表すときには「공（コン）」、数学においては「영（ヨン）」を使います。

10	십	シp		60	육십	ユkシp
20	이십	イシp		70	칠십	チrシp
30	삼십	サmシp		80	팔십	パrシp
40	사십	サシp		90	구십	クシp
50	오십	オシp		100	백	ペk

月の表現

1月	1월	イルォr		7月	7월	チルォr
2月	2월	イウォr		8月	8월	パルォr
3月	3월	サムォr		9月	9월	クウォr
4月	4월	サウォr		10月	10월	シウォr
5月	5월	オウォr		11月	11월	シビルォr
6月	6월	ユウォr		12月	12월	シビウォr

※「6」の読み方はユkですが、「6月」はユグォrではなく、ユウォrと発音します。また、「10」の読み方はシpですが、「10月」はシブォrではなく、シウォrと発音します。

固有数詞

固有数詞はモノや人を数えるとき、単位を表す言葉とともに使います。日本語の「1つ、2つ、3つ…」に該当します。時間を表す表現の中で、年・月・日・分・秒には漢数詞を使いますが、時だけには固有数詞を使うので、気をつけましょう。101以上は固有数詞では表せないので、漢数詞を使用します。

1	하나/한	ハナ/ハン
2	둘/두	トゥr/トゥ
3	셋/세	セッ/セ
4	넷/네	ネッ/ネ
5	다섯	タソッ

6	여섯	ヨンッ
7	일곱	イrゴp
8	여덟	ヨドr
9	아홉	アホp

10	열	ヨr
20	스물/스무	スムr/スム
30	서른	ソルン
40	마흔	マフン
50	쉰	スィン

60	예순	イェスン
70	일흔	イルン
80	여든	ヨドゥン
90	아흔	アフン
100	백	ペk

時間の表現

1時	1시	한 시	ハン シ
2時	2시	두 시	トゥ シ
3時	3시	세 시	セ シ
4時	4시	네 시	ネ シ
5時	5시	다섯 시	タソッ シ
6時	6시	여섯 시	ヨソッ シ

7時	7시	일곱 시	イrゴp シ
8時	8시	여덟 시	ヨドr シ
9時	9시	아홉 시	アホp シ
10時	10시	열 시	ヨrシ
11時	11시	열한 시	ヨランシ
12時	12시	열두 시	ヨrトゥシ

※1, 2, 3, 4, 20に上記の시（シ）「時」や、개（ケ）「個」のような単位がつくとき、それぞれ한（ハン）、두（トゥ）、세（セ）、네（ネ）、스무（スム）となります。

韓国語の語順と活用

韓国語は日本語とだいたい語順が同じです。主語、目的語、述語という順序で並びます。

チョヌン　トゥラマル r　ポゴ　イッソヨ
저는　드라마를　보고　있어요.
私は　ドラマを　見て　います

また、韓国語の動詞や形容詞の原形（辞書に載っている形）は「語幹」と「다（タ）」でできています。語幹の最後の母音が陽母音（ㅏ,ㅑ,ㅗ）のものを「陽母音語幹」、陰母音（ㅏ,ㅑ,ㅗ以外）のものを「陰母音語幹」といいます。

陽母音語幹

カ　ダ　　　　　カダ
가 + 다 → 가다 行く

陰母音語幹

モ k　タ　　　　　モkタ
먹 + 다 → 먹다 食べる

日本語は「食べ」（語幹）にさまざまな語尾をつけて「食べて」「食べるから」「食べます」などと活用しますが、韓国語の動詞や形容詞には大きくわけて3つの活用パターンがあります。

パターン 1

語幹に語尾をそのままつけます。

原形　　　　　　　語幹　　　　語尾
カダ　　　　　　　カ　　　コ
가다 行く → 가 ➕ 고 ～(し)て → 가고 行って

モkタ　　　　　　モk　　　コ　　　　　　　　　　　モkコ
먹다 食べる → 먹 ➕ 고 ～(し)て → 먹고 食べて

パターン 2

語幹の最後にパッチムがない場合は、そのまま語尾をつけます。最後にパッチムがある場合は、으（ウ）をプラスして語尾をつけます。パッチムが ㄹ のときだけ、ㄹが脱落することがあります。

原形　　　　　　　語幹 ※パッチムなし 語尾
カダ　　　　　　　カ　　　ニッカ　　　　　　　　　カニッカ
가다 行く → 가 ➕ 니까 ～(する)から → 가니까 行くから

原形　　　　　　　語幹 ※パッチムあり 語尾
モkタ　　　　　　モk　　　ウニッカ　　　　　　　モグニッカ
먹다 食べる → 먹 ➕ 으니까 ～(する)から → 먹으니까 食べるから

パターン 3

語幹の最後の母音が陽母音なら아（ア）で始まる語尾を、陰母音なら어（オ）で始まる語尾をつけます。このパターンは不規則変化が多いので、基本となる法則を覚えたら、あとはその都度学んでいくのがいいでしょう。

原形　　　　　陽母音語幹　　語尾
カダ　　　　　　カ　　　アヨ　　　　　　　　　　カヨ
가다 行く → 가 ➕ 아요 ～(し)ます → 가요 行きます

原形　　　　　陽母音語幹　　語尾　　　　　　※가아요→가요となります。
モkタ　　　　　モk　　　オヨ　　　　　　　　　モゴヨ
먹다 食べる → 먹 ➕ 어요 ～(し)ます → 먹어요 食べます

次のページを参考にしながら、語尾がどのパターンかを判断して、活用させましょう。

さまざまな語尾

日常生活でよく使われる語尾を、前のページで紹介した3つのパターン別に紹介します。

パターン	語尾	意味	例文	日本語訳
1	コ シポヨ **고 싶어요**	～（し）たい です	タシ マンナゴ シポヨ **다시 만나고 싶어요.**	また 会いたいです
	コイッソヨ **고 있어요**	～（し）て います	トゥラマ ポゴ イッソヨ **드라마 보고 있어요.**	ドラマ、 見ています
	コ **고**	～（し）て	クッチュルr サゴ コンヨンジャン エ トゥロガヨ **굿즈를 사고 공연장에 들어가요.**	グッズを買って、 会場に入ります
	チマン **지만**	～けれど	ポゴ シpチマン シガニ オpソヨ **보고 싶지만 시간이 없어요.**	見たいけど、 時間がありません

パターン	語尾	意味	例文	日本語訳
2	ニッカ／ウニッカ **니까/으니까**	～（する）から	ネイr パンソンハニッカ ッコk ポセヨ **내일 방송하니까 꼭 보세요.**	明日放送するから、 必ず見てください
	ミョン／ウミョン チョケッソヨ **면/으면 좋겠어요**	～（し）て ほしいです	イルィ ハミョン チョケッソヨ **1위 하면 좋겠어요.**	1位になって ほしいです
	r／ウr コッカタヨ **ㄹ/을 것 같아요**	～（する） ようです	チェミイッスr コッ カタヨ **재미있을 것 같아요.**	面白そうです
	r／ウr ケヨ **ㄹ/을게요**	～（し）ます	ッコk ポrケヨ **꼭 볼게요.**	ぜひ、見ます

パターン	語尾	意味	例文	日本語訳
3	ア／オ ジョセヨ **아/어 주세요**	～（し）て ください	ノレ ブrロ ジュセヨ **노래 불러 주세요.**	歌、歌って ください
	ア／オド ドゥエヨ **아/어도 돼요**	～（し）ても いいです	ヨギ アンジャド ドゥエヨ **여기 앉아도 돼요?**	ここ、座っても いいですか?
	ア／オソ **아/어서**	～（し）て、 ～ので	ビゴネソ イrッチk チャr コエヨ **피곤해서 일찍 잘 거예요.**	疲れているので、 早く寝るつもりです
	ア／オ ボセヨ **아/어 보세요**	～（し）てみて ください	ハンボン イボ ボセヨ **한번 입어 보세요.**	一度、試着して みてください

言葉づかい

韓国語にも日本語のように、場面に応じた文体が存在します。最も多く使われている3つの文末表現を紹介します。

① ニダ体

- 니다（ニダ）で終わる文体。日本語の「〜です」「〜ます」に当たります。かしこまった表現で、ビジネスや公の場で話すときに使います。前にくる言葉のパッチムの有無によって、形が変わります。

		パッチムなし			パッチムあり	
原形	行く	가다	カダ	食べる	먹다	モkタ
平叙文	行きます	갑니다	カmニダ	食べます	먹습니다	モkスmニダ
疑問文	行きますか?	갑니까?	カmニッカ	食べますか?	먹습니까?	モkスmニッカ

② ヨ体

- 요（ヨ）で終わる文体。日本語の「〜です」「〜ます」に当たりますが、ニダ体よりも柔らかい印象を与え、カジュアルな場面で使います。平叙文でも疑問文でも、また、命令や勧誘の表現でも形が変わらないため、イントネーションや文脈に応じてニュアンスを判断する必要があります。

コンサートへ行きます。	**콘서트에 가요 .**	コンソトゥエ カヨ
コンサートへ行きますか?	**콘서트에 가요 ?**	コンソトゥエ カヨ ※語尾をあげて読みます。

③ パンマル

ぞんざいな言葉づかい、いわゆるタメ口です。家族や友人などの親しい間柄で使います。ヨ体から - 요（ヨ）を取った形です。平叙文でも疑問文でも、また、命令や勧誘の表現でも形が変わらないため、イントネーションや文脈に応じてニュアンスを判断する必要があります。

今、食べるよ。	**지금 먹어 .**	チグm モゴ
いっしょに食べよう。	**함께 먹어 .**	ハmッケ モゴ

INDEX

さくいん

単語さくいん

単語さくいん

INDEX 単語さくいん

185

フレーズさくいん

か

フレーズさくいん

フレーズさくいん

は

INDEX

フレーズさくいん

著　柳 志英
（リュウ ジヨン）

韓国東義大学校日語日文学科卒業。アイケーブリッジ外語学院韓国語専属講師。著書に『書き込み式だからわかりやすい！ いちばんやさしい韓国語文法ノート 初級編』（永岡書店）など。

著　南 嘉英
（ナム カヨン）

崇實大学校工科学部電気工学科卒業。韓国放送通信大学校人文学部日本学科卒業。著書に『使ってみよう！ 韓国語の慣用句・ことわざ・四字熟語』（語研）など。

監修　幡野 泉

早稲田大学第一文学部卒業。アイケーブリッジ外語学院代表および「All About 韓国語」ガイド。著書に『シゴトの韓国語応用編』（三修社）、翻訳書に『無礼な人にNOと言う44のレッスン』（白水社）など。

監修　劇団雌猫

平成元年生まれのオタク女子4人組（もぐもぐ、ひらりさ、かん、ユッケ）。編著書に『浪費図鑑』（小学館）、『一生楽しく浪費するためのお金の話』（イースト・プレス）など。

世界が広がる 推し活韓国語

イラスト	あわい
アートディレクション	北田進吾
デザイン	キタダデザイン
校正	高山春花、上保匡代、阿部薫
DTP	株式会社センターメディア
印刷所	TOPPAN株式会社
録音	株式会社メディアスタイリスト
日本語ナレーション	首藤志奈
	（CHAPTER 1、CHAPTER 3〜6）
	INI 許豊凡（シュウフォンファン）
	（CHAPTER 2 CASE 1、CASE 3、CASE 5、CASE 7）
	INI 田島将吾
	（CHAPTER 2 CASE 1、CASE 2、CASE 4、CASE6）
韓国語ナレーション	キム・シニョン（CHAPTER 1、CHAPTER 3〜6）
	シン・ウィス（CHAPTER 2）

企画・執筆・編集　澤田未来

この本は下記のように環境に配慮して製作しました。
・製版フィルムを使用しないCTP方式で印刷しました。
・環境に配慮して作られた紙を使用しています。